Aqui está um exemplo clássico do [...] leitores de todo o mundo esperam da pena de John MacArthur. Impregnadas com as Escrituras, diretas e fáceis de entender, as palavras de MacArthur mostram o que a Bíblia ensina sobre santificação e como essa doutrina se aplica tanto a cada cristão quanto à igreja local. Cristãos preocupados com o tipo de ensino que resultou em uma "brecha em nossa santidade" encontrarão aqui muito para lhes elucidar o assunto, bem como um incentivo prático para caminharem mais perto de Cristo.

Donald S. Whitney, professor de Espiritualidade Bíblica no Southern Baptist Theological Seminary

Santificação. John MacArthur aplica toda a força de sua paixão pastoral a esse tema vital! Por quê? Primeiro, porque Jesus a manteve como principal tema de suas orações em nosso favor; Paulo insistiu em afirmar que ela é a vontade de Deus para cada crente; o autor de Hebreus escreveu que, sem ela, nenhum de nós verá o Senhor, ou seja, ela é a condição *sine qua non* para chegarmos ao céu. Segundo, porque sempre corremos o risco de desconsiderá-la ou menosprezá-la. De todos os livros que leu ultimamente, qual deles foi sobre santificação? *Santificação* é um tratado poderoso para nosso tempo — um livro breve e com um bom propósito. Você pode lê-lo em uma ou duas horas, mas o propósito dessa leitura é promover a transformação do restante de sua vida.

Sinclair B. Ferguson, professor titular de Teologia Sistemática no Reformed Theological Seminary, professor bolsista dos Ligonier Ministries, escritor de inúmeros livros e coautor de *Novo dicionário de teologia* (Hagnos)

A justificação e a santificação são como os dois braços de Jesus Cristo com os quais ele nos acolhe em seu abraço. John MacArthur nos mostra de forma excepcional como Cristo — o grande Pastor, cujo Espírito vive em todo verdadeiro pastor — deseja sinceramente que sua imagem seja formada em seu povo amado.

Joel Beeke, presidente e professor de Teologia Sistemática e Homilética no Puritan Reformed Theological Seminary e pastor na Heritage Reformed Congregation, em Grand Rapids, Michigan

Um pregador experiente e bem conceituado do evangelho oferece-nos aqui um tratado biblicamente fundamentado sobre santificação. De forma simples, mas não simplista, de modo breve, mas não superficial, John MacArthur explica não apenas o ensino da Bíblia sobre santificação, mas também faz as aplicações adequadas — e às vezes penetrantes — das quais esta geração precisa.

Mark Jones, pastor na Faith Reformed Presbyterian Church, em Vancouver, Columbia Britânica

MacArthur incentiva os cristãos a brilhar como luzes em meio a esta geração confusa e sombria. A liberdade que temos em Jesus Cristo é para servi-lo como nosso Mestre e Senhor. MacArthur, assim como em todo o seu ministério, empunha fielmente aqui a Palavra de Deus. Esse livro motiva-nos a ter uma vida santa e jubilante para a glória de Deus.

Chris Larson, presidente e CEO dos Ligonier Ministries

Claro, inspirador e com as devidas advertências a respeito de como e onde o mundo pode ter se infiltrado em nossa teologia e, portanto, em nossa vida!

Ed Welch, professor e conselheiro da
Christian Counseling & Educational Foundation

MacArthur escreveu um livro conciso e direto para trazer aos cristãos a lembrança do que Deus ensina a respeito de como devemos crescer como crentes. Ele distingue a santificação bíblica de outras supostas visões sobre o assunto e traça um equilíbrio entre a posição que o cristão desfruta *em Cristo* e a caminhada do cristão *com Cristo*. Recomendo fortemente esse livro como auxílio para continuarmos a crer corretamente e assim podermos viver mais à semelhança de Cristo.

Stuart W. Scott, professor-associado de Aconselhamento
Bíblico no Southern Baptist Theological Seminary

SANTIFICAÇÃO

JOHN MACARTHUR

SANTIFICAÇÃO

O AMOR ZELOSO DE DEUS
POR SEU POVO

John MacArthur
Título original: *Sanctification: God's passion for his people.* Publicada por Crossway (Wheaton, Illinois, EUA).
Edição brasileira: Copyright: ©2021, de Editora Hagnos Ltda.

1ª edição: fevereiro de 2021

TRADUÇÃO
Wilson de Almeida

REVISÃO DA TRADUÇÃO
Fabiano Silveira Medeiros

DIAGRAMAÇÃO
Sonia Peticov

REVISÃO DE PROVAS
Caio Barrios Medeiros

CAPA
Júlio Carvalho

EDITOR
Aldo Menezes

COORDENADOR DE PRODUÇÃO
Mauro Terrengui

IMPRESSÃO E ACABAMENTO
Imprensa da Fé

As opiniões, as interpretações e os conceitos emitidos nesta obra são de responsabilidade do autor e não refletem necessariamente o ponto de vista da Hagnos.

Todos os direitos desta edição reservados à
EDITORA HAGNOS LTDA.
Av. Jacinto Júlio, 27
04815-160 — São Paulo, SP
Tel.: (11) 5668-5668

E-mail: hagnos@hagnos.com.br
Home page: www.hagnos.com.br

Dados Internacionais de Catalogação na Publicação (CIP)
Angélica Ilacqua CRB-8/7057

MacArthur, John, 1939–

Santificação: o amor zeloso de Deus por seu povo / John MacArthur; tradução de Wilson Almeida. — São Paulo: Hagnos, 2021.

Bibliografia
ISBN 978-65-86048-71-1

Título original: Sanctification — God's passion for his people

1. Santificação   2. Deus — Amor   3. Jesus Cristo   4. Graça (Teologia)   I. Título   II. Almeida, Wilson

21-0459   CDD 234.8

Índices para catálogo sistemático:
1. Santificação

Para

PETER COELER,

verdadeiro amigo, reconhecido
por sua humildade,
generosidade e graça incomuns.

SUMÁRIO

UM
A recompensa do chamado supremo 13

DOIS
Em defesa do evangelho 23

TRÊS
O coração do verdadeiro pastor 35

QUATRO
Cristo, a personificação da verdadeira santificação .. 49

CINCO
A ênfase que se perdeu 63

SEIS
Autenticidade e antinomianismo 79

SETE
O que a graça ensina 91

Índice de assuntos 99

Índice de referências bíblicas 105

UM

A recompensa do **chamado supremo**

AS ESCRITURAS DIZEM o seguinte acerca de Cristo: "Portanto, também pode salvar perfeitamente os que por meio dele se chegam a Deus, pois vive sempre para interceder por eles" (Hebreus 7.25).

Em João 17 somos claramente apresentados à intercessão contínua de Cristo por seu povo. Essa passagem é conhecida como a Oração Sacerdotal de Jesus. Seu elemento central é o apelo à santificação de seus discípulos: "Santifica-os na verdade, a tua palavra é a verdade. Assim como tu me enviaste ao mundo, eu também os enviei ao mundo. E por eles me santifico, para que também eles sejam santificados na verdade" (João 17.17-19). Depois, então, Jesus claramente aplica esse pedido não só aos Doze, mas também a todos os cristãos de todas as gerações posteriores: "E rogo não somente por estes, mas também por aqueles que virão a crer em mim pela palavra deles" (17.20).

O tema do pastor nas Escrituras

Essa súplica revela o verdadeiro coração do Bom Pastor para com seu povo tão claramente quanto qualquer coisa nas Escrituras. "Renova a minha alma; guia-me pelas veredas da justiça por amor do seu nome" (Salmos 23.3). Como nosso pastor, ele é o "Pastor e Bispo da vossa alma" (1Pedro 2.25). A palavra grega traduzida por "bispo" nesse versículo é *episkopos*, vocábulo traduzido em outro lugar por "guardião". De acordo com o *Thayer's lexicon*,[1] o termo refere-se a um "homem encarregado de garantir que o que as pessoas devem fazer, elas o façam de forma correta". Cristo, como pastor supremo, é o bispo ou guardião de nossa alma — cuidando de nós, protegendo-nos, conduzindo-nos, corrigindo-nos e dando-nos alimento, tudo com o objetivo final de que sejamos santificados.

A palavra "pastor" também significa "guardião", e todo pastor fiel desenvolverá uma paixão pela santidade das ovelhas de Cristo, o que reflete o desejo do Salvador.

A propósito, é adequada a imagem — divinamente escolhida — de rebanhos e pastores. Deus sabe que seu povo — todos os crentes — é parecido com as

---

[1]Joseph Henry Thayer, *A Greek-English lexicon of the New Testament* (New York: American Book, 1886), p. 243.

ovelhas em muitos aspectos. As ovelhas não são particularmente espertas; tampouco são hábeis em contornar as armadilhas encontradas ao redor. Portanto, essa não é uma comparação particularmente lisonjeira. Mas é uma comparação que as Escrituras fazem repetidamente. "Somos seu povo e rebanho que ele pastoreia" (Salmos 100.3). Pedro exorta seus companheiros mais velhos: "pastoreai o rebanho de Deus que está entre vós, cuidando dele não por obrigação [...] nem como dominadores dos que vos foram confiados, mas servindo de exemplo ao rebanho" (1Pedro 5.2-3). Ele lembra os líderes da igreja sobre a responsabilidade deles para com o Supremo Pastor (5.4).

A tarefa nada fácil do pastor

Em contraste com as imagens muitas vezes tranquilas e pacíficas que vemos na representação que os artistas fazem de rebanhos nos campos, na vida real o pastoreio é trabalho difícil e complicado. As tarefas do pastor são inúmeras e variadas. Ele tem de conduzir e alimentar o rebanho, cuidar das ovelhas feridas, buscar e resgatar os cordeiros perdidos, afastar predadores, montar guarda durante a noite e preocupar-se com todas as necessidades do rebanho. É uma tarefa extremamente intensa — requer vigilância e cuidados constantes.

Cuidar do povo de Deus igualmente implica uma série exaustiva e interminável de deveres abrangentes que requerem de qualquer homem um conjunto de habilidades. Quase todos os pastores serão chamados em algum momento para cumprir praticamente todas as funções do serviço na igreja, desde o cuidado com as instalações até a limpeza. Além de pregar a palavra (sua missão central e mais importante), o pastor está sempre preocupado com as ovelhas. Como Paulo escreveu: "Quem se enfraquece, que eu também não me enfraqueça? Quem se escandaliza, que eu também não fique indignado?" (2Coríntios 11.29). Além das lutas espirituais, há as tarefas. O pastor é designado para oficiar casamentos, conduzir funerais, oferecer sessões de aconselhamento, fazer visitas em hospitais, além de desempenhar uma série de funções semelhantes. Um pastor pode se deparar com deveres extremamente díspares em um dia — visitar prisioneiros pela manhã e preparar sermões à tarde, com uma pausa entre uma coisa e outra para confortar uma família em luto. Ele deve ser capaz de se mover com misericórdia e bondade de uma tarefa para outra, sendo hábil em todas elas.

Apesar da diversidade de afazeres, todos os deveres pastorais, em última análise, apontam para um objetivo claro e único: a santificação do povo de Deus. Todas as energias do homem, bem como todas as faculdades de seu coração e mente, devem permanecer focadas nesse objetivo de longo prazo, e ele nunca deve perdê-lo de vista. Afinal, este é o propósito final de Deus para seus eleitos: "Pois os que conheceu por antecipação, também os predestinou para serem conformes à imagem de seu Filho" (Romanos 8.29). É assim que as Escrituras resumem o objetivo da santificação — não serve apenas para *parecermos* santos, mas serve para nos tornarmos verdadeira e completamente semelhantes a Cristo.

Fiquei impressionado mais uma vez com essa grande verdade recentemente, enquanto pregava em Gálatas 4. Cheguei ao versículo 19, no qual Paulo se dirige aos crentes daquela cidade como: "Meus filhos, por quem sofro de novo dores de parto, até que Cristo seja formado em vós". Esse texto prendeu minha atenção e despertou sentimentos em mim de tal modo que eu não conseguia passar para outra passagem. É um belo resumo do propósito ministerial de cada pastor: cuidar para que Cristo seja formado em seu povo.

É claro que isso tem implicações significativas não apenas para pastores e líderes de igreja, mas também para cada cristão. Seu dever como crente, não importa quem você seja, é seguir o que Paulo demanda aqui dos efésios: "vos despir do velho homem, do vosso procedimento anterior, que se corrompe pelos desejos maus e enganadores, e a vos renovar no espírito da vossa mente, e a vos revestir do novo homem, criado segundo Deus em verdadeira justiça e santidade" (Efésios 4.22-24).

A maior obsessão do verdadeiro pastor

O que mais me surpreendeu em Gálatas 4.19 foi a paixão expressa na analogia que Paulo escolheu. Ele ansiava pela santificação de seu povo. Anelava que ele mesmo fosse usado por Deus para estimular seu povo a buscar a semelhança com Cristo. Seu desejo de ver a realização desse objetivo era tão profundo e tão intenso que a única comparação adequada que podia imaginar era a agonia doce e amarga da dor de uma mulher ao dar à luz.

Essa paixão ardente manteve o apóstolo focado, permanecendo fiel até mesmo diante dos ataques implacáveis de provações e perseguições intensas. Aqui está o relato em que Paulo recapitula sua vida no ministério. É assim que ele apresenta tudo o que sofreu:

> muito mais em trabalhos; muito mais em prisões; em chicotadas sem medida; em perigo de morte muitas vezes; cinco vezes recebi dos judeus trinta e nove chicotadas. Três vezes fui espancado com varas, uma vez fui apedrejado, três vezes sofri naufrágio, passei um dia e uma noite em mar aberto. Muitas vezes passei por perigos em viagens, perigos em rios, perigos entre bandidos, perigos entre os do

meu próprio povo, perigos entre gentios, perigos na cidade, perigos no deserto, perigos no mar, perigos entre falsos irmãos; em trabalho e cansaço, muitas vezes em noites sem dormir, com fome e com sede, muitas vezes sem comida, com frio e com falta de roupas. Além de outras coisas, ainda pesa diariamente sobre mim a preocupação com todas as igrejas (2Coríntios 11.23-28).

Em seguida, ele acrescenta: "Além de outras coisas, ainda pesa diariamente sobre mim a preocupação com todas as igrejas" (2Coríntios 11.28).

O fato de a santificação — a santidade — pesar tanto no coração do apóstolo é um lembrete adequado para nós, pastores e membros da igreja, de que não devemos esquecer do que Deus está fazendo conosco. "... nos elegeu nele, antes da fundação do mundo, para sermos santos e irrepreensíveis diante dele em amor" (Efésios 1.4). É nosso dever como crentes nos revestir do novo homem, "criado segundo Deus em verdadeira justiça e santidade" (4.24). Deus está nos amoldando à semelhança de seu amado Filho. Até mesmo nosso corpo será ressuscitado e glorificado para ser como o Cristo ressurreto (Filipenses 3.21). "Assim como trouxemos a imagem do homem terreno, traremos também a imagem do homem celestial" (1Coríntios 15.49).

Não há como frustrar esse objetivo, nem seu progresso jamais poderá ser interrompido permanentemente. Os verdadeiros crentes um dia serão completamente aperfeiçoados. "Amados, somos filhos de Deus, e ainda não se manifestou o que havemos de ser. Mas sabemos que, quando ele se manifestar, seremos semelhantes a ele, pois o veremos como ele é" (1João 3.2).

A linha de chegada pode parecer tão distante, que desistir chega a ser uma tentação. O apóstolo Paulo reconheceu que também sentia essa frustração: "Desgraçado homem que sou! Quem me livrará do corpo desta morte?" (Romanos 7.24). Mas ele não desanimava:

> Não que eu já a tenha alcançado, ou que seja perfeito [ou seja, o objetivo da santificação completa], mas vou prosseguindo, procurando alcançar aquilo para que também fui alcançado por Cristo Jesus. Irmãos, não penso que eu mesmo já o tenha alcançado; mas faço o seguinte: esquecendo-me das coisas que ficaram para trás e avançando para as que estão adiante; prossigo para o alvo, pelo prêmio do chamado celestial de Deus em Cristo Jesus (Filipenses 3.12-14).

É assim que devemos viver. Nas páginas a seguir, examinaremos por que isso é tão prioritário.

DOIS

Em **defesa**
do evangelho

PAULO — JUDEU ultraortodoxo, fariseu legalista, estrela em ascensão entre a elite religiosa de Israel, perseguidor de cristãos, inimigo implacável e persistente da igreja — foi subitamente convertido a Cristo na estrada para Damasco. Paulo sempre foi o mais exigente dos fariseus. Como todo mundo naquela seita estrita e autoritária de partidários religiosos, ele tinha uma obsessão por símbolos chamativos, embora triviais, de piedade externa — rituais teatrais, roupas e outras formas de ostentação religiosa. De igual forma, sua noção de pecado estava focada em coisas externas e sem, e, como todo hipócrita, ele estava sobretudo preocupado com os pecados das outras pessoas. Paulo apresentava um desprezo em particular por aquilo e por aqueles considerados cerimonialmente impuros, entre os quais (notadamente) estavam os samaritanos e os gentios. Mas, depois da conversão, Cristo o chamou para ser apóstolo enviado aos mesmos gentios "impuros" — e seu desprezo foi direcionado para o pecado real.

Paulo ainda tinha um coração voltado para Israel. Tal era sua paixão pela salvação de seu povo que chegou a afirmar: "Porque eu mesmo desejaria ser amaldiçoado e excluído de Cristo, por amor de meus irmãos, meus parentes segundo a carne" (Romanos 9.3). Deus também lhe concedeu um grande amor pelos gentios, e então o enviou para evangelizar entre as regiões gentílicas de todo o Império Romano. Primeiro Paulo se dirigiu à parte sul da Galácia e plantou igrejas em Antioquia, Icônio, Derbe e Listra. Essa área não ficava longe da casa de sua família em Tarso, na Cilícia. No entanto, Paulo não se contentou em limitar o evangelho a uma única circunscrição. Plantou igrejas predominantemente gentílicas em toda a região do Mediterrâneo ao longo de três longas viagens missionárias.

Quando surgiram problemas nessas igrejas ou quando Paulo foi consultado por sua sabedoria, ele respondeu escrevendo-lhes cartas na qualidade de pastor fundador e guardião de confiança. À medida que foi sendo dirigido pelo Espírito Santo, escreveu, com autoridade apostólica evidentemente, as próprias palavras de Deus. A maioria de suas epístolas às igrejas e aos líderes da igreja são Escrituras inspiradas. O apóstolo Pedro reconheceu expressamente esse fato (2Pedro 3.15).

O problema da Galácia

A primeira carta divinamente inspirada de Paulo foi provavelmente a Epístola aos Gálatas, escrita por volta de 49 d.C., logo após o Concílio de Jerusalém. Esse concílio, conforme registrado em Atos 15, foi convocado para tratar do mesmo assunto que estava incomodando os gálatas. Ou seja: se a fé é o único instrumento de justificação — se (como Jesus disse) "Quem nele crê [em Cristo] não é condenado" (João 3.18), se "quem crê no Filho tem a vida eterna" (Gálatas 3.36) e se quem ouve o evangelho e crê "não vai a julgamento, mas já passou da morte para a vida" (5.24) —, qual é, então, o papel da lei cerimonial do Antigo Testamento sob a nova aliança? Os crentes gentios estariam especificamente obrigados a ser circuncidados e a obedecer aos aspectos sacerdotais e cerimoniais da aliança mosaica?

As cartas aos Colossenses e aos Hebreus também lidam com essa questão, e ambas revelam que muito da lei de Moisés envolvia tipos e sombras — características simbólicas que prefiguravam Cristo. Agora que Cristo já havia vindo, as Escrituras afirmam que aquelas ordenanças não serviam mais ao propósito para o qual foram dadas. Isso significa especificamente que os crentes da nova aliança não estão mais sujeitos às leis e preceitos que regem a purificação cerimonial, às restrições dietéticas e aos feriados judaicos ou às questões pertinentes ao sacerdócio do templo, ao ritualismo e a outras ordenanças caracteristicamente judaicas. Essas coisas eram "apenas uma sombra das coisas boas que virão, em vez da verdadeira forma dessas realidades" (Hebreus 10.1; cf. 8.5). Na verdade, as cerimônias e os símbolos contidos na lei eram apenas "uma sombra das coisas por vir, mas a substância pertence a Cristo" (Colossenses 2.17). Então, como as ordenanças cerimoniais poderiam ser obrigatórias para os gentios que já estavam unidos a Cristo pela fé? A salvação estaria incompleta sem a obediência do crente aos aspectos cerimoniais da aliança mosaica? Os gentios precisariam ser circuncidados e viver dentro das regras judaicas para ser salvos?

Essa foi a questão que o Concílio de Jerusalém analisou em Atos 15. A facção que se opôs ao ensino de Paulo naquele concílio era composta do "grupo religioso dos fariseus" — ex-fariseus que, como Paulo, professavam a fé em Cristo, mas careciam de clareza ou convicção a respeito do evangelho. Eles "levantaram-se e disseram que era necessário circuncidá-los e mandar que obedecessem à lei de Moisés" (Atos 15.5). Na verdade, estavam dizendo que a fé em Cristo não era suficiente; para que fossem justificados, os gentios também precisariam passar pela circuncisão e aderir a todas as cerimônias externas, aos rituais, às restrições sociais e às imposições alimentares estabelecidas na lei de Moisés. Em outras palavras, estavam dizendo que a entrada para o cristianismo teria de passar pelo judaísmo; assim, para se tornarem cristãos, os gentios deveriam primeiro se tornar prosélitos judeus.

Essa mesma doutrina estava sendo disseminada por falsos mestres entre as igrejas predominantemente gentílicas da Galácia, deixando os novos crentes confusos. Assim, Paulo escreveu aquela que provavelmente foi a primeira de suas epístolas canônicas a tratar desse assunto específico. O livro de Gálatas é uma forte defesa do princípio *sola fide* (a fé somente) como instrumento exclusivo de justificação — o princípio do *sola fide*.

O âmago do evangelho

O fato de que os crentes são justificados somente pela fé — independentemente de suas obras meritórias — é sem dúvida o preceito central da verdade do evangelho. Aliás, entendida corretamente, a doutrina da justificação pressupõe todas as outras doutrinas fundamentais ou delas depende. Por exemplo, cada aspecto da encarnação de Jesus é essencial para uma compreensão adequada de como os crentes são justificados, porque Cristo tinha de ser verdadeiramente divino e verdadeiramente humano para ser ao mesmo tempo nosso Sumo Sacerdote e o sacrifício perfeito por nossos pecados (Hebreus 2.10-18). "Há um só Mediador entre Deus e os homens, o homem Cristo Jesus" (1 Timóteo 2.5). Basta negar a divindade ou a humanidade de Cristo para comprometer uma visão correta da justificação.

Portanto, a doutrina da justificação não é apenas essencial para uma compreensão correta do evangelho; é a doutrina que une todas as outras verdades fundamentais. João Calvino falou da justificação como a principal base doutrinária de toda a religião cristã. Martinho Lutero disse que é a doutrina pela qual a igreja permanece em pé ou cai.

O apóstolo Paulo claramente tinha uma perspectiva semelhante. Ele tinha uma inegável estima pela doutrina da justificação, pois, toda vez que trata de assuntos doutrinários, ele a situa no centro do debate. Em cada uma de suas epístolas do Novo Testamento, ele explica essa doutrina, defende-a, define-a, ilustra-a ou lhe dá um alto nível de destaque.

Não é de surpreender. Paulo conhecia bem, com base em sua experiência amarga, a inutilidade do legalismo farisaico e a inescapável escravidão espiritual que todas as religiões baseadas em obras promovem. O apóstolo passou a lamentar o ascetismo e os preceitos criados por homens. Essa marca de "espiritualidade" foi projetada para conferir aparência de santidade, sem produzir a santidade verdadeira. Invariavelmente, isso coloca os seguidores sob um regime de restrições que diz "não toques, não proves, não manuseies" (referindo-se a coisas que perecem quando usadas) (Colossenses 2.21-22). Como assegura Paulo, "esses mandamentos têm aparência de sabedoria em falsa devoção, falsa humildade e severidade para com o corpo, mas não têm valor algum no combate aos desejos da carne" (2.23).

Quando falsos mestres vieram para a Galácia e começaram a pressionar os crentes com esse estilo de legalismo, sem dúvida estavam alegando que os costumes cerimoniais e dietéticos dos judeus eram necessários para a santidade autêntica. Certamente teriam citado textos do Antigo Testamento em que a circuncisão, vários tipos de abstinência e outras observâncias simbólicas e sacerdotais eram ordenadas. Dessa forma, eles *pareciam* ter suporte bíblico para suas doutrinas. Mas, ao ressuscitarem os tipos e as sombras da vida na antiga aliança e ao torná-los aspectos obrigatórios da vida da igreja, eles estavam tentando sobrecarregar os crentes da nova aliança com um jugo de escravidão que o próprio Cristo já havia eliminado. E, ao assim agirem, fatalmente corromperam o evangelho. Paulo descreveu a doutrina deles como "outro evangelho" (Gálatas 1.6); "um evangelho diferente do que já vos pregamos" (1.8-9).

Uma maldição apostólica

Assim, Paulo escreveu uma epístola para que fosse divulgada primeiro entre as congregações da Galácia. Havia nela um propósito claro: defender o evangelho contra uma mensagem legalista. A carta tornou-se uma defesa poderosa. A profundidade da preocupação de Paulo é vista na rapidez com que chega ao ponto. Ao contrário do que apresenta em todas as suas outras epístolas, ele não começa com palavras de louvor ou de apreço pelas pessoas daquelas igrejas. Após a introdução e uma saudação simples, em que louva a Deus (1.1-5), dá início a sua repreensão:

> Estou admirado de que estejais vos desviando tão depressa daquele que vos chamou pela graça de Cristo para outro evangelho, que de fato não é outro evangelho, senão que há alguns que vos perturbam e querem perverter o evangelho de Cristo. Mas, ainda que nós mesmos ou um anjo do céu vos pregue um evangelho diferente do que já vos pregamos, seja maldito. Conforme disse antes, digo outra vez agora: Se alguém vos pregar um evangelho diferente daquele que já recebestes, seja maldito. Pois, será que eu procuro agora o favor dos homens ou o favor de Deus? Será que procuro agradar a homens? Se estivesse ainda agradando a homens, eu não seria

servo de Cristo. Mas, irmãos, quero que saibais que o evangelho por mim anunciado não se baseia nos homens; porque não o recebi de homem algum, nem me foi ensinado, mas o recebi por uma revelação de Jesus Cristo (Gálatas 1.6-12).

"Seja maldito" é uma única palavra no texto grego, e muito incisiva: *anathema*. Sob inspiração do Espírito Santo, Paulo estava condenando qualquer pessoa que pregasse um evangelho diferente. E, nesse contexto, o falso evangelho com o qual ele se preocupava era o legalismo daqueles que estavam aliando a ideia de obras meritórias à fé em Cristo como precondição para a justificação, tornando assim a própria obediência legal do pecador um requisito para a salvação.

Como dissemos, aqueles legalistas sem dúvida declaravam (e talvez acreditassem tolamente) estar promovendo a santidade. Na realidade, estavam minando a verdadeira santificação dos crentes da Galácia e promovendo uma falsa crença em relação ao significado da santidade.

Os legalistas pareciam acreditar que o princípio do *sola fide* era hostil à santidade. Em Romanos 6, o próprio Paulo reconhece como seria fácil um pensador descuidado ou superficial chegar a essa conclusão: "Que diremos, então? Permaneceremos no pecado para que a graça se destaque?" (Romanos 6.1).

"Havemos de pecar porque não estamos debaixo da lei, mas debaixo da graça?" (6.15).

Mas Paulo, de modo rápido e enfático, assegura: "De modo nenhum" (Romanos 6.15). "Como nós, que morremos para o pecado, ainda podemos viver nele?" (6.2). "Libertos do pecado, fostes feitos escravos da justiça" (6.18). Para Paulo, a doutrina da justificação pela fé é um poderoso *incentivo* à santidade.

Eram duas as preocupações de Paulo em relação aos gálatas. Em primeiro lugar, estava profundamente perturbado com o fato de terem sido tão facilmente seduzidos para se afastarem da clareza e da simplicidade do verdadeiro evangelho como ele próprio o havia apresentado (Gálatas 1.6). Mas, juntamente com isso, sentia-se profundamente preocupado com a santificação deles. Eles estavam sendo desviados do curso, atraídos para uma forma farisaica de externalismo estrito, colocando-se sob a escravidão da própria ameaça de condenação da qual haviam sido redimidos, adotando um sistema talhado para gerar justiça própria e, assim, perdendo o alvo da verdadeira semelhança com Cristo.

Essa preocupação é o que motivou o lamento de Paulo em Gálatas 4.19-20: "Meus filhos, por quem sofro de novo dores de parto, até que Cristo seja formado em vós [...] estou perplexo a vosso respeito".

TRÊS

O **coração** do verdadeiro **pastor**

OS GÁLATAS eram crentes de verdade, e por essa razão Paulo se dirige a eles como filhos espirituais (Gálatas 4.19) e como "irmãos" (4.12,18,31). Ele escreve: "porque sois filhos [...] agora, porém, que já conheceis a Deus, ou melhor, sendo conhecidos por ele" (4.6,9). Fica evidente que ele não os considera descrentes. Apesar disso, ele afirma: "temo que eu talvez tenha trabalhado inutilmente para convosco" (4.11).

Crentes insensatos?

O capítulo 3 da Carta aos Gálatas começa com uma repreensão severa que provavelmente soaria como se Paulo os considerasse hereges ou seguidores de uma seita, não fossem todas aquelas ocasiões em que ele confirma a conversão deles e se refere a eles como irmãos. Ele escreve:

Ó gálatas insensatos! Quem vos seduziu? Não foi diante de vós que Jesus Cristo foi exposto como crucificado? É só isto que quero saber de vós: foi pelas obras da lei que recebestes o Espírito, ou pela fé naquilo que ouvistes? Sois tão insensatos assim, a ponto de, tendo começado pelo Espírito, estar agora vos aperfeiçoando pela carne? Será que sofrestes tanto por nada? Se é que isso foi por nada! Aquele que vos dá o Espírito, e que realiza milagres entre vós, será que o faz pelas obras da lei ou pela fé naquilo que ouvistes? (Gálatas 3.1-5)

Ele usa a palavra "insensatos" duas vezes. É claro que Jesus nos proíbe de usar essa linguagem quando o objetivo é o mero insulto. "Todo aquele que se irar contra seu irmão será passível de julgamento; quem o chamar de insensato, será réu diante do tribunal; e quem o chamar de tolo, será réu do fogo do inferno" (Mateus 5.22). No entanto, sempre que algum princípio espiritual vital está em jogo e um irmão se mostra pecaminosamente ignorante, tal expressão pode de fato ser justificada. O próprio Jesus usou linguagem semelhante em relação a seus discípulos em Lucas 24.25: "Então ele lhes disse: Ó tolos, que demorais a crer no coração em tudo que os profetas disseram!" Claramente, os verdadeiros crentes às vezes *podem* ser tolos e lentos de coração.

Paulo até aventa a possibilidade de que qualquer perseguição ou sofrimento que tenham suportado teria sido em vão. Seu discurso converte-se em uma extensa reprimenda, e então ele ressalta toda a admoestação em Gálatas 4.20 com esta declaração: "bem que eu gostaria de agora estar presente convosco e mudar o tom da minha voz. Pois estou perplexo a vosso respeito".

Ainda assim, mesmo naquela passagem no início do capítulo 3, exatamente onde Paulo começa a apresentar sua repreensão mais dura e direta aos próprios crentes gálatas, ele deixa claro que — por mais perplexo que esteja e por mais frustrado que possa parecer acerca da abertura deles para um evangelho diferente — ainda os considera verdadeiros crentes. Eles viram a revelação de Jesus Cristo (Gálatas 3.1), experimentaram o poder do Espírito Santo (3.5) e foram abençoados pelo Pai (3.8-9). Em outras palavras, ao tentar adaptar o evangelho, os falsos mestres entre eles estavam negando a obra do Pai, do Filho e do Espírito Santo. Tratava-se de um verdadeiro ataque aos céus.

Era disso que os falsos mestres eram culpados, e Paulo não amenizou em nada suas críticas a eles. Os gálatas eram filhos espirituais de Paulo, e por isso mesmo ele estava tão entristecido e perplexo com a instabilidade espiritual deles. Embora usasse palavras severas, ele as temperou com graça. Ele os lembra de que haviam começado no Espírito (Gálatas 3.3). Além disso, Paulo diz: "Pois todos sois filhos de Deus pela fé em Cristo Jesus" (3.26). "E, se sois de Cristo, então sois descendência de Abraão e herdeiros conforme a promessa" (3.29). Um capítulo depois, ele acrescenta: "E vós, irmãos, sois filhos da promessa, à semelhança de Isaque" (4.28).

Mesmo assim, ele emite essa repreensão incrivelmente dura contra eles nos versículos iniciais do capítulo 3: "Ó gálatas insensatos! Quem vos seduziu?" Veja como J. B. Phillips parafraseou esse versículo: "Ah, caros tolos da Galácia [...] Certamente vocês não podem ser tão curtos de inteligência" (Cartas para Hoje). "Vocês estão iludidos? Como podem ser tão estúpidos?"

Cristãos seduzidos?

Paulo sugere que eles podem ter sido "seduzidos". Os crentes podem às vezes ser insensatos, mas não apenas isso: também são suscetíveis de ser enganados por falsos ensinos. Uma igreja inteira (ou um grupo de igrejas) pode ser seduzida? É precisamente o que Paulo dá a entender aqui. (Vou mais longe ainda: às vezes me pergunto se não é o caso de a *maioria* das igrejas de hoje ter sido seduzida.)

Paulo usa um verbo grego, *baskainō*, que não é usado em nenhum outro lugar das Escrituras. Significa "seduzir" ou "encantar". Mas o termo sempre designa má intenção por parte da pessoa que executa a ação. *Baskainō* pode se referir ao engano obtido por meio de lisonja. O *Thayer's lexicon* inclui esta definição: "trazer o mal sobre alguém com elogios fingidos ou um olhar maldoso, para encantar e enfeitiçar".[1] A palavra é muitas vezes empregada na literatura secular antiga para se referir a feitiços demoníacos, maldições, encantamentos e feitiçaria. "Seduzidos" é uma boa tradução e se encaixa no tom de frustração de Paulo.

Paulo levanta uma questão semelhante usando palavras mais brandas em Gálatas 5.7: "Corríeis bem. Quem vos impediu de obedecer à verdade?" Deve-se observar que a santificação deles era aquilo que estava sendo severamente impedido ou interrompido. Eles estavam sendo seduzidos de maneira enganosa, e isso os estava afastando da santidade autêntica.

Então o apóstolo diz que eles estavam atacando os céus ao tolerar a mentira de que as obras são necessárias para a justificação. Consequentemente, estavam confusos — espiritual e intelectualmente cegos, como se um feitiço tivesse sido lançado sobre eles —, e sua santificação permanecia em estado de estagnação.

Seduzido não é apenas um termo analítico e frio; está carregado de paixão. E não foi por acaso que Paulo escolheu a palavra. Ele enxergou no engano dos falsos mestres uma ameaça profundamente sinistra

---

[1] Joseph Henry Thayer, *A Greek-English lexicon of the New Testament* (New York: American Book, 1886), p. 98.

ao propósito supremo pelo qual todo pastor legítimo entra no ministério — ser um agente para a santificação de seu povo. E a paixão de Paulo transparece claramente quando ele confronta e corrige o erro.

O apóstolo estava irritado e indignado com a ameaça de um evangelho diferente. Estava também consternado e com o coração partido porque faltava convicção bem arraigada nas congregações da Galácia. Essas eram pessoas que ele conhecia e havia conduzido a Cristo. Como poderiam ter sido seduzidas tão facilmente por falsos mestres que obviamente não tinham nenhum respeito pelo apóstolo?

Um pastor amoroso e abnegado

Uma impressionante gama de emoções é vividamente expressa nessa carta. O coração de Paulo está ardendo, e ele quer que os gálatas saibam disso. Ao contrário do que costumava fazer, aqui ele escreve repetidamente sobre como se sente. Ele afirma expressamente estar surpreso (Gálatas 1.6), indignado (1.8-9), angustiado (4.19), com medo (4.11) e perplexo (4.20). Fica evidente também que se sente atacado, ofendido e indignado pelos falsos mestres. Sente-se exasperado, condena e confronta, é sarcástico, severo, dogmático e exigente, sente-se magoado e humilhado. Vemos aí uma ampla gama de sentimentos negativos e de desânimo. Mas, ao mesmo tempo, parece bem claro que ele é amoroso, dedicado, obediente, confiante, encorajador, sacrificial, protetor, fiel e esperançoso.

Esse, a propósito, é o mundo em que todo pastor habita *caso se preocupe com a santificação de seu povo*. Todos esses sentimentos são próprios de qualquer pessoa que sirva no ministério da igreja, exceto, talvez, dos que tenham objetivos egoístas em vez de desejar ver seu povo crescer e amadurecer à semelhança de Cristo.

Infelizmente, há muitas pessoas em cargos de liderança na igreja hoje que ocupam o púlpito claramente por razões de engrandecimento pessoal. Podem ser motivadas por ganância, presunção, ambição carnal, desejo por dinheiro e poder ou desejo por honra e aplausos. Pregam a si mesmas e não a Cristo Jesus como Senhor (cf. 2Coríntios 4.5). Exploram os outros em vez de servi-los (2Pedro 2.3). E às vezes são surpreendentemente grosseiras e francas sobre seus reais objetivos. Fiz um registro de algumas das palavras que os pastores de hoje gostam de usar para se descreverem. Nenhuma dessas palavras jamais teria sido usada por Paulo para apresentar seu ministério. Mas elas são comumente empregadas hoje, não apenas em currículos pastorais, mas também em anúncios de empregos de igrejas que procuram pastores. Esses adjetivos, portanto, designam aquilo que muitos jovens que entram no ministério hoje aspiram ser. Esses jovens foram informados e acreditam firmemente que, para prosperar no ministério, precisam ser *relevantes, autênticos, sempre agradáveis, aclamados, inovadores, descolados, contemporâneos, criativos, inteligentes, afinados culturalmente, modernos, inclusivos, imaginativos, de mente aberta, visionários, não convencionais, iconoclastas, divertidos, extremos, conciliadores* — ou alguma combinação dessas qualidades.

Adjetivos de autoelogio como esses constituem a linguagem do ministério pastoral nos dias de hoje. Não muito tempo atrás, vi a propaganda de uma conferência de líderes voltada para a igreja, e os organizadores do evento se intitulavam "Criadores de Heróis". Palavras que normalmente faltam em anúncios de empregos, peças promocionais e currículos são: bíblico, santo, humilde, piedoso, separado, abnegado, puro, fiel, sacrificial e santificado.

Quando Paulo escreveu sua Carta aos Gálatas com uma gama tão ampla de intensos sentimentos, não estava passando por um esgotamento psicológico temporário ou por uma crise de meia-idade. Essas mesmas afeições ocupariam seu coração durante todo o seu ministério. Cerca de seis anos depois de escrever aos gálatas, ele escreveu à igreja em Corinto:

> Quem dera me suportásseis um pouco mais na minha loucura! Sim, suportai-me ainda. Porque tenho ciúme de vós, e esse ciúme vem de Deus, pois vos prometi

em casamento a um único marido, que é Cristo, para vos apresentar a ele como virgem pura. Mas temo que, assim como a serpente enganou Eva com sua astúcia, também a vossa mente seja de alguma forma seduzida e se afaste da simplicidade e da pureza que há em Cristo. Porque, se chega alguém e vos prega outro Jesus que não pregamos, ou se recebeis outro Espírito, que não aquele que recebestes, ou outro evangelho que não acolhestes, vós de boa vontade o suportais! (2Coríntios 11.1-4)

Essa é essencialmente a mesma preocupação que ele expressou aos gálatas. Os coríntios foram igualmente seduzidos por falsos mestres e, assim como os gálatas, estavam sendo atraídos para longe do ensino de Paulo (a quem conheciam e em quem deveriam ter confiado) pelo astuto subterfúgio de homens que "são falsos apóstolos, obreiros desonestos, disfarçando-se de apóstolos de Cristo" (2Coríntios 11.13). Eram homens nos quais não tinham motivo algum para acreditar.

Esse é o contexto em que Paulo apresenta uma longa lista de seus sofrimentos (espancamentos, prisões, naufrágios, ataques, perigos, labuta, provações, insônia e privações), e então acrescenta: "Além de outras coisas, ainda pesa diariamente sobre mim a preocupação com todas as igrejas" (2Coríntios 11.28).

Ele não está falando de dores de cabeça de caráter administrativo. Sua preocupação não é com problemas de orçamento. Ele imediatamente passa a falar de forma específica acerca da natureza da preocupação que carrega: "Quem se enfraquece, que eu também não me enfraqueça? Quem se escandaliza, que eu também não fique indignado?" (2Coríntios 11.29).

Esse é o coração de um verdadeiro pastor. Se as pessoas na igreja dele são levadas ao pecado ou caem em alguma transgressão, ele carrega a dor disso. Essa é a profundidade do zelo pela santificação que há no coração de um pastor fiel.

Além disso, Paulo diz aos coríntios: "Agora, já pela terceira vez estou pronto para visitar-vos. Eu não serei um peso para vós, porque não procuro o que é vosso, mas sim a vós mesmos. Pois não são os filhos que devem guardar seus bens para os pais, mas os pais para os filhos. De muito boa vontade gastarei o que tenho e me deixarei gastar pela vossa vida" (2Coríntios 12.14-15). Isso reflete a mesma paixão que Paulo sempre teve pela santificação de seu povo.

Cerca de dez anos depois, ele escreveria à igreja em Éfeso, e nessa carta novamente deixaria claro qual deveria ser o foco central e o objetivo singular de cada líder de igreja. Como ele disse, Cristo "designou uns como apóstolos, outros como profetas, outros como evangelistas e ainda outros como pastores e mestres, tendo em vista o aperfeiçoamento dos santos para a obra do ministério e para a edificação do corpo de Cristo; até que todos cheguemos à unidade da fé e do pleno conhecimento do Filho de Deus, ao estado de homem feito, à medida da estatura da plenitude de Cristo" (Efésios 4.11-13). Paulo enxergava sua tarefa de modo claro. Seu papel era participar na condução dos crentes para se tornarem semelhantes a Cristo. Essa era sua maior paixão.

Paulo continua o mesmo tema nos versículos 15 e 16: "pelo contrário, seguindo a verdade em amor, cresçamos em tudo naquele que é a cabeça, Cristo. Nele o corpo inteiro, bem ajustado e ligado pelo auxílio de todas as juntas, segundo a correta atuação de cada parte, efetua o seu crescimento para edificação de si mesmo no amor".

E também apresentou aos colossenses um quadro semelhante de suas prioridades ministeriais: "A ele anunciamos, aconselhando e ensinando todo homem com toda a sabedoria, para que apresentemos todo homem perfeito em Cristo. Para isso eu trabalho, lutando de acordo com a sua eficácia, que atua poderosamente em mim" (Colossenses 1.28-29). Essa era sua paixão e propósito: a santificação dos remidos que Deus confiara a seus cuidados.

QUATRO

Cristo, a personificação da verdadeira santificação

O APÓSTOLO PEDRO, por sua vez, passou três anos do ministério terreno de Cristo sendo instruído pessoalmente pelo Senhor. Na prática, ele era o líder dos Doze — o mais franco e curioso e, segundo todos os critérios, a voz dominante no grupo. Em uma cena comovente na costa da Galileia, após a ressurreição, Cristo pessoalmente comissionou Pedro três vezes sucessivas para o ministério. (Foi o mesmo número de vezes que Pedro negou enfaticamente Jesus na noite em que o Senhor foi preso.) Nosso Mestre então perdoou a Pedro, restaurou-o e deixou claro seu chamado com as palavras mais simples e diretas possíveis: "Cuida dos meus cordeiros" (João 21.15). "Pastoreia as minhas ovelhas" (21.16). "Cuida das minhas ovelhas" (21.17).

Assim, a prioridade do ministério de Pedro foi estabelecida pelo próprio Cristo. Pedro não apenas recebeu a mensagem, mas a transmitiu a todos os que ocupavam cargos de liderança na igreja — sob sua supervisão ou não. Escrevendo aos crentes judeus que haviam sido espalhados por todo o Império após a destruição de Jerusalém, ele lançou este pedido:

> Portanto, suplico aos presbíteros que há entre vós, eu que sou presbítero com eles, testemunha dos sofrimentos de Cristo e participante da glória que será revelada: pastoreai o rebanho de Deus que está entre vós, cuidando dele não por obrigação, mas espontaneamente, segundo a vontade de Deus; nem por interesse em ganho ilícito, mas de boa vontade; nem como dominadores dos que vos foram confiados, mas servindo de exemplo ao rebanho. Quando o supremo Pastor se manifestar, recebereis a imperecível coroa da glória (1Pedro 5.1-4).

Como Paulo recebeu o evangelho

Mas como foi que o apóstolo Paulo tomou conhecimento de que essa seria também sua prioridade? Afinal, ele não tinha um mentor humano. Na verdade, fez questão de lembrar a todos que não havia recebido tudo o que sabia sobre Cristo de segunda mão. Não aprendeu sobre o evangelho (menos ainda sobre o caráter de seu ministério) com os outros apóstolos. Como ele mesmo afirma: "Mas, irmãos, quero que saibais que o evangelho por mim anunciado não se

CRISTO, A PERSONIFICAÇÃO DA VERDADEIRA SANTIFICAÇÃO

baseia nos homens; porque não o recebi de homem algum nem me foi ensinado, mas o recebi por uma revelação de Jesus Cristo (Gálatas 1.11-12). Ao se referir aos dias imediatamente posteriores a sua conversão na estrada para Damasco, ele afirma: "Quando Deus, porém, que desde o ventre de minha mãe me separou e me chamou pela sua graça, se agradou em revelar seu Filho em mim, para que eu o pregasse entre os gentios, não consultei ninguém. Também não subi a Jerusalém para encontrar os que já eram apóstolos antes de mim, mas parti para a Arábia e voltei outra vez para Damasco. Depois de três anos, subi a Jerusalém para conhecer Cefas; e passei quinze dias com ele. Mas não vi nenhum dos outros apóstolos, a não ser Tiago, irmão do Senhor (Gálatas 1.16-19).

A propósito, embora "Tiago, irmão do Senhor", tenha se tornado líder na igreja primitiva, também não havia sido um dos Doze. Tiago, "filho de Zebedeu", fazia parte dos Doze e tornou-se apóstolo. (Era o irmão mais velho do apóstolo João.) Mas o *apóstolo* Tiago foi morto por Herodes logo após a conversão de Paulo (Atos 12.2) — o que impede que Paulo tenha se encontrado com ele. O Tiago que Paulo conheceu naquela visita a Jerusalém era o primeiro dos quatro meios-irmãos de Jesus mencionados em Mateus 13.55 e em Marcos 6.3. Todos os quatro irmãos de Jesus eram descrentes (João 7.5) e, ao que tudo indica, permaneceram assim até depois da ressurreição, quando os vemos no cenáculo com o restante dos discípulos (Atos 1.14). Naqueles anos do ministério terreno de Cristo, mesmo quando praticamente todos na Galileia estavam fascinados por Jesus, a própria família de nosso Senhor pensava que ele estava "fora de si" (Marcos 3.21). Então, o irmão de Cristo, Tiago, claramente abraçou a fé bem depois, assim como Paulo. Tiago não foi, portanto, a fonte do entendimento de Paulo sobre o evangelho e suas ramificações.

Quem então discipulou Paulo? Quem revelou o evangelho a ele com todos os seus fatos e doutrinas vitais? E quem o nomeou e o ensinou a ser um apóstolo? Paulo é enfático ao dizer que foi o próprio Jesus. Ele escreve: "recebi por uma revelação de Jesus Cristo" (Gálatas 1.12). Paulo não apresenta uma narrativa detalhada de como recebeu essa revelação. Pode ter sido durante uma experiência (possivelmente uma série de experiências) que menciona em 2Coríntios 12.2, em que ele diz: "Se isso aconteceu no corpo, ou fora do corpo, não sei; Deus o sabe".

O que Paulo *sabia* e afirmava categoricamente é que o próprio Cristo tinha sido quem o comissionara ao ministério. E, nas próprias palavras dele, isso foi "para que eu pregasse o evangelho entre os gentios" (Gálatas 1.16). Em 1Coríntios 15, Paulo enumera centenas de pessoas que viram o Cristo ressurreto com os

CRISTO, A PERSONIFICAÇÃO DA VERDADEIRA SANTIFICAÇÃO 55

próprios olhos, e no final da lista inclui a si mesmo: "E, depois de todos, apareceu também a mim, como a um nascido fora do tempo certo" (1Coríntios 15.8). Portanto, a revelação e o treinamento de que ele fala em Gálatas 1 evidentemente teriam ocorrido por meio de um encontro face a face, ou uma sequência deles.

Para os outros discípulos, a prova de que Paulo não estava mentindo sobre haver recebido o evangelho diretamente de Cristo era inegável pelo fato de que o que Paulo aprendera de Jesus era completo e estava perfeitamente de acordo com o que o Senhor lhes havia ensinado de modo privado. Era o mesmo evangelho e a mesma abordagem de ministério.

Catorze anos depois daquela primeira visita a Jerusalém, Paulo visitou novamente a cidade (provavelmente por ocasião do concílio relatado em Atos 15). Paulo diz que os principais apóstolos e líderes da igreja de Jerusalém "nada me acrescentaram" (Gálatas 2.6), indicando que eles não precisaram corrigir ou emendar seu relato da mensagem cristã. A doutrina que ensinou foi exatamente a que eles tinham ouvido diretamente de Cristo. O ministério e a mensagem de Paulo eram precisamente iguais aos de Pedro. Desse modo, Paulo diz:

> Pelo contrário, viram que o evangelho da incircuncisão me havia sido confiado, assim como a Pedro

o evangelho da circuncisão. Pois aquele que agiu por meio de Pedro para o apostolado da circuncisão também agiu por meu intermédio para o apostolado aos gentios. E quando reconheceram a graça que me havia sido dada, Tiago, Cefas e João, considerados colunas, estenderam a mão direita da comunhão a mim e a Barnabé, para que fôssemos aos gentios, e eles, à circuncisão (Gálatas 2.7-9).

Como as prioridades do ministério de Paulo foram estabelecidas

O Senhor obviamente deixou claro para Paulo a paixão dele pela santificação dos crentes. Devemos ter em mente que o próprio cerne da oração de Jesus como nosso grande Sumo Sacerdote é um apelo sincero e urgente em favor de nossa santificação. Examine o contexto mais amplo desse pedido de oração.

Era a noite da traição de Jesus. Em João 18.4, lemos que Jesus sabia de absolutamente tudo o que estava para acontecer com ele. Entendia perfeitamente o preço inimaginavelmente terrível que pagaria pelos pecados de seu povo, e naturalmente temia isso. Lembre-se de como orou por si mesmo naquela noite no Getsêmani. Estava em estado de agonia excruciante — literalmente suando sangue. No entanto, declarou sua vontade sincera de fazer a vontade perfeita do Pai. Ao mesmo tempo, também expressou um desejo perfeitamente humano de evitar, se possível, o cálice da ira que seria convidado a beber em nome de seus eleitos. A magnitude do fardo sobre seu coração naquela noite era tal que a profundidade da aflição de sua alma dificilmente pode ser descrita em qualquer linguagem humana. Não exagerou quando disse a Pedro, a Tiago e a João: "A minha alma está tão triste que estou a ponto de morrer" (Mateus 26.38).

Todavia, antes de fazer essa oração por si mesmo, Jesus orou pelos seus. A oração de João 17 foi proferida naquela mesma noite, logo depois de ele e os discípulos terem tomado juntos a refeição pascal e imediatamente antes de Jesus ir para o Getsêmani. Judas já havia saído da reunião com o objetivo de vender Jesus por 30 moedas de prata — o preço de um escravo —, e Jesus entendeu claramente o que Judas pretendia (João 13.21-30). Com tanto peso no coração e na mente do Senhor, embora estivesse obviamente ansioso para chegar ao jardim onde poderia orar quase sozinho e em agonia absoluta, é relevante que tenha parado para orar em voz alta (sendo ouvido pelos onze discípulos restantes) a oração registrada em João 17.

Ele levanta os olhos para o céu e profere uma longa oração "por eles" — não por todos indiscriminadamente, mas especificamente pelos discípulos. "Eu rogo por eles. Não rogo pelo mundo, mas por aqueles que me deste, pois são teus" (João 17.9). E, como observamos no início, essa oração não está sendo feita apenas pelos Doze, mas por todos os eleitos de todas as gerações vindouras. "E rogo não somente por estes, mas também por aqueles que virão a crer em mim pela palavra deles" (João 17.20).

Agora, observe os pedidos específicos. Depois de apresentar em detalhes como cumpriu fielmente a missão que lhe fora dada em sua encarnação (João 17.1-11), ele enumera seus pedidos em favor dos seus: ora pela preservação deles e pela unidade entre eles: "guarda-os no teu nome que me deste, para que sejam um, assim como nós" (17.11); expressa o desejo de ver sua alegria cumprida neles (17.13); pede ao Pai que os guarde do Maligno (17.15).

Cada um desses pedidos realmente desenvolve e amplia o tema de toda a oração, isto é, o pedido do versículo 17: "Santifica-os na verdade, a tua palavra é a verdade".

Por exemplo, a oração em que ele pede por unidade espiritual é um fio que percorre todo o capítulo. Jesus faz esse pedido repetidamente, orando várias vezes "para que todos sejam um; assim como tu, ó Pai, és em mim, e eu em ti, que também eles estejam em nós" (17.21), "para que sejam um, assim como nós somos um" (17.22) e "para que eles sejam levados à plena unidade" (17.23). Essa unidade só é possível

CRISTO, A PERSONIFICAÇÃO DA VERDADEIRA SANTIFICAÇÃO

entre discípulos santificados. Por isso, está implícito no pedido pela unidade espiritual dos crentes o apelo por sua santificação. O mesmo vale para o pedido pela alegria deles, pela preservação deles e por um amor deles que seja semelhante ao de Cristo. Todas essas são manifestações indispensáveis da verdadeira santidade. A oração como um todo, portanto, reflete a prioridade da santificação como vontade de Cristo para seu povo.

Observe ainda que, em cada fase da oração, o próprio Cristo se apresenta como modelo daquilo que deseja que seu povo se torne: "pois não são do mundo, assim como eu também não sou. [...] Eles não são do mundo, assim como eu também não sou" (17.14, 16). "Assim como tu me enviaste ao mundo, eu também os enviei ao mundo" (17.18). "E por eles me santifico, para que também eles sejam santificados na verdade" (17.19). "[Peço] que sejam um, assim como nós somos um" (17.22). "Pai, meu desejo é que aqueles que me deste estejam comigo onde eu estiver" (17.24). Por fim, ele roga ao Pai que "o amor com que me amaste esteja neles, e eu também neles esteja" (17.26).

O versículo 19 é especialmente revelador. O Senhor Jesus Cristo, em sua encarnação, santificou a si mesmo (viveu em perfeita santidade) para santificar seu povo na verdade. Portanto, concedeu-nos um modelo perfeito para seguir. Especificamente falando, "Cristo também sofreu por vós, deixando-vos exemplo, para que sigais os seus passos. Ele não cometeu pecado, nem engano algum foi achado na sua boca; ao ser insultado, não retribuía o insulto; quando sofria, não ameaçava, mas entregava-se àquele que julga com justiça. Ele mesmo levou nossos pecados em seu corpo sobre o madeiro, para que, mortos para os pecados, pudéssemos viver para a justiça" (1Pedro 2.21-24). Em outras palavras, tudo o que fez em sua vida terrena foi com o propósito de nos libertar da escravidão do pecado, para que pudéssemos nos tornar servos da justiça (Romanos 6.18).

Foi Jesus quem ensinou Paulo a buscar a santificação no poder do Espírito, a fim de que ele pudesse ser exemplo e instrumento da santificação do povo entregue a seus cuidados. Assim, Paulo poderia dizer: "Sede meus imitadores, como também eu sou de Cristo" (1Coríntios 11.1), "irmãos, sede meus imitadores" (Filipenses 3.17) e "irmãos, peço-vos que vos torneis como eu" (Gálatas 4.12).

Como Paulo passou o bastão

Paulo instruiu Timóteo a desempenhar um papel semelhante e a assumir responsabilidade por aqueles que estavam sob seus cuidados: "[...] procura ser exemplo para os fiéis, na palavra, no comportamento, no amor, na fé e na pureza" (1Timóteo 4.12).

Ele ainda ordenou que Timóteo tomasse tudo o que havia aprendido com ele e o confiasse a homens qualificados e capazes que levariam o bastão para a próxima geração e então o repassariam a outros, que fariam o mesmo: "O que ouviste de mim, diante de muitas testemunhas, transmite a homens fiéis e aptos para também ensinarem a outros" (2Timóteo 2.2).

As Escrituras tratam desse assunto com extraordinária clareza. A paixão de Cristo pela santificação de seu povo estabelece o padrão para uma sólida filosofia bíblica de ministério. Essa é uma prioridade que todo líder de igreja competente e biblicamente qualificado deve abraçar. Ninguém está verdadeiramente apto a liderar a igreja se se mostrar indiferente quanto à santidade ou se negligencia instruir e motivar seu povo na busca incansável pela santificação. E assim todos os crentes devem aspirar sinceramente a crescer na graça e na semelhança de Cristo, reconhecendo que essa é a oração constante de Cristo — e o objetivo final de Deus — para cada crente.

CINCO

A **ênfase** que se **perdeu**

A SANTIFICAÇÃO é absolutamente essencial para a vida de fé, tanto que as Escrituras muitas vezes tratam a santidade como a marca de identificação do verdadeiro crente. Na verdade, quando o termo *santos* (que significa "separados") é usado nas Escrituras, não se refere aos afamados mortos que a igreja canonizou formalmente, mas aos cristãos vivos — todos os remidos, sem exceção. Paulo escreve "aos santificados em Cristo Jesus, chamados para serem santos, com todos os que em todo lugar invocam o nome de nosso Senhor Jesus Cristo" (1Coríntios 1.2). Observe que ele não está tratando de uma classe especial de santos altamente avançados. Ele realça a verdade de que todos os crentes genuínos *são* santos — pessoas santas. Toda pessoa a quem falta uma boa dose de santidade não é cristã de modo algum, independentemente da confissão de fé que ela faça.

A vontade de Deus para cada crente: a santificação

Consequentemente, em Atos 20.32, quando Paulo usa a expressão "entre todos os santificados", ele está falando acerca da igreja universal. Ele primeiro ouviu essa expressão do próprio Cristo na estrada para Damasco, quando foi comissionado com estas palavras para ser apóstolo:

> Mas levanta-te e põe-te em pé. Foi para isto que te apareci: para te fazer servo e testemunha, tanto das coisas que viste de minha parte como daquelas que te manifestarei. Eu te livrarei deste povo e dos gentios para os quais te envio, para lhes abrir os olhos a fim de que se convertam das trevas para a luz, e do poder de Satanás para Deus, para que recebam o perdão dos pecados e herança entre *os que são santificados pela fé em mim* (Atos 26.16-18).

Assim, o próprio Cristo referiu-se aos cristãos como aqueles que depositam a fé nele e que são, portanto, santificados. A Escritura afirma de modo igualmente claro que aqueles que "não são santos" — pecadores impenitentes, desprovidos de qualquer desejo de retidão e sem amor verdadeiro por Cristo — não têm parte com ele. Os verdadeiros crentes procuram "viver em paz com todos e em santificação, sem a qual ninguém verá o Senhor" (Hebreus 12.14). Uma vida não santificada é a marca do incrédulo. A linha de demarcação é clara:

> Filhinhos, ninguém vos engane: quem pratica a justiça é justo, assim como ele é justo; quem vive habitualmente no pecado é do Diabo, pois o Diabo peca desde o princípio. Para isto o Filho de Deus se manifestou: para destruir as obras do Diabo. Aquele que é nascido de Deus não peca habitualmente, pois a semente de Deus permanece nele, e ele não pode continuar no pecado, porque é nascido de Deus. Os filhos de Deus e os filhos do Diabo manifestam-se assim: quem não pratica a justiça não é de Deus (1João 3.7-10).

Por isso é natural que o Novo Testamento esteja repleto de exortações, instruções, incentivos, ordens e advertências para que os crentes busquem ser santos. Apesar do que você já possa ter ouvido por parte daqueles que propagam as doutrinas populares da vida com mais profundidade, jamais fomos encorajados a ser passivos no processo de santificação. A Escritura não nos manda "deixar as coisas andarem por si mesmas e que Deus faça a parte dele". A Bíblia jamais promete vitória fácil e automática contra o pecado e a tentação.

A crença de que a santificação é alcançada sem esforço algum de nossa parte e quando passivamente desistimos de lutar é um mito popular e persistente — e é uma doutrina perigosamente falsa. Aliás, é a própria antítese do que a Bíblia ensina. Relembra o erro estratégico que Moisés cometeu quando os israelitas chegaram ao mar Vermelho. Ele lhes disse: "Não temais. Acalmai-vos e vede o livramento que o SENHOR vos trará hoje [...] O SENHOR guerreará por vós. Por isso, acalmai-vos" (Êxodo 14.13-14). O Senhor respondeu com uma palavra firme de correção: "Então o SENHOR disse a Moisés: Por que clamas a mim? Ordena aos israelitas que marchem" (14.15).

Da mesma forma, as Escrituras repetidamente exortam os cristãos a seguir em frente — "prossigo para o alvo" (Filipenses 3.14) — em sua busca pela santidade: "Amados, visto que temos essas promessas, purifiquemo-nos de toda impureza do corpo e do espírito, aperfeiçoando a santidade no temor de Deus" (2Coríntios 7.1). "Cada um de vós saiba manter o próprio corpo em santidade e honra, não na paixão dos desejos, à semelhança dos gentios que não conhecem a Deus: que se abstenham da imoralidade sexual; que cada um de vós saiba controlar o próprio corpo na santidade e na honra, não na paixão da concupiscência como os gentios que não conhecem a Deus [...] Porque Deus não nos chamou para a impureza, mas para a santificação. Portanto, quem rejeita isso não rejeita o homem, mas Deus, que vos dá o seu Espírito Santo" (1Tessalonicenses 4.3-8).

"Nosso grande Deus e Salvador, Cristo Jesus [...] se entregou a si mesmo por nós para nos remir de toda a maldade e purificar para si um povo todo seu, consagrado às boas obras" (Tito 2.13-14). Afinal, "agora, libertos do pecado e tendo sido feitos escravos de Deus, tendes o vosso fruto para a santificação e, por fim, a vida eterna" (Romanos 6.22).

O Novo Testamento está repleto de exortações como essas. No entanto, apesar da alta prioridade dada ao assunto por Cristo e pelas Escrituras, a santificação é uma ênfase visivelmente ausente na pregação evangélica de hoje.

Os jovens e os inquietos

Os primeiros anos do século 21 testemunharam uma redescoberta e um renascimento do interesse pela Reforma Protestante. Os jovens evangélicos começaram a abraçar e a ressaltar algumas das principais doutrinas que moldaram esse movimento. Reafirmam, por exemplo, os princípios do *sola fide* (fé como único instrumento de justificação), *sola gratia* (salvação somente pela graça, sem as obras meritórias do próprio pecador) e *solus Christus* (Cristo como único caminho para Deus). Nos últimos anos, tem havido um ressurgimento encorajador da convicção de que Deus é soberano na eleição e na salvação dos pecadores, que (conforme mostram textos como Atos 11.18 e 14.27) o arrependimento do pecado é obra da graça de Deus, e não fruto do livre-arbítrio do pecador, e que Deus verdadeiramente age "conforme o propósito daquele que faz todas as coisas segundo o desígnio da sua vontade" (Efésios 1.11). Mais importante é que, na primeira década do novo milênio, vimos uma ênfase renovada nas doutrinas da justificação, da expiação substitutiva e da exclusividade de Cristo. Todas essas são verdades fundamentais do evangelho. Não foram necessariamente negadas pelas gerações anteriores de evangélicos, mas muitas vezes perderam o encanto e, portanto, foram amplamente desconsideradas por décadas.

Todo o interesse renovado por essas doutrinas fundamentais significou um desenvolvimento bom e importante — até onde esse desenvolvimento conseguiu chegar.

O título de um artigo de setembro de 2006, escrito por Collin Hansen para a *Christianity Today*, deu a essa tendência um apelido que pegou: "Jovens, inquietos, reformados". O artigo (mais tarde ampliado até se tornar um livro) foi publicado com o subtítulo: "O calvinismo está voltando... e está sacudindo a igreja".[1]

---

[1]Collin Hansen, "Young, restless, Reformed: Calvinism is making a comeback — and shaking up the church, *Christianity Today*, September 22, 2006, acesso em: 22 de agosto de 2019, disponível em: https://www.christianitytoday.com/ct/2006/september/42.32.html.

Mas alguns dos principais expoentes do movimento em expansão não foram capazes de romper com o pragmatismo crasso que dominou o movimento evangélico na geração de seus pais. São obcecados por qualquer coisa que seja moderna ou esteja na moda, apropriando-se dos modismos e dos memes da cultura pop e justificando seu pragmatismo ao afirmar para si mesmos que estão redimindo as artes, engajando-se com a cultura, contextualizando-se, sendo "missionais" ou "encarnacionais". Evangélicos jovens e inquietos têm uma série de bordões e temas prediletos, como esses descritos aqui. *Santidade* não parece ser um desses temas, muito menos o principal.

Aí está uma abordagem à Reforma que nenhum dos reformadores magisterais ou de seus herdeiros espirituais reconheceria. Chamar esse movimento de "reformado" ou considerá-lo uma expressão legítima do calvinismo é uma afronta à verdadeira história da Reforma Protestante.

Já em 2011, cerveja, charutos e tatuagens haviam se tornado os emblemas reais do movimento dos "jovens inquietos", e não as doutrinas reformadas que professavam crer. Seus escritos, postagens em blogs, podcasts e sermões pareciam quase nunca mencionar a santificação — exceto para descartar qualquer referência à santidade como forma perigosa de legalismo. Um conhecido pastor do movimento até chegou a declarar que a abstinência de bebidas alcoólicas é um pecado do qual precisamos nos arrepender. Escrevi uma postagem em um blog expressando minha preocupação com a direção que o movimento estava tomando e fui ridicularizado como um legalista vacilante por um grande número de vozes importantes do movimento.

Minha preocupação era — e continua sendo — a de que o movimento como um todo tenha realçado e exagerado o princípio da liberdade cristã sem o equilíbrio necessário. A verdadeira liberdade cristã é quando somos libertos da escravidão do pecado e da condenação da lei, não quando nos queremos livres dos preceitos morais da lei. Tendo sido libertos do pecado e da morte, agora somos chamados a viver como escravos da justiça (Romanos 6.18). As Escrituras afirmam: "Já que sois livres, não useis a liberdade como pretexto para o mal, mas vivei como servos de Deus" (1Pedro 2.16). "Mas agora, libertos do pecado e tendo sido feitos escravos de Deus, tendes o vosso fruto para a santificação e, por fim, a vida eterna" (Romanos 6.22). "Não useis da liberdade como pretexto para a carne" (Gálatas 5.13).

Indicativos e imperativos

Tente espalhar essas ideias em qualquer reunião evangélica nos dias de hoje e alguém vai se levantar e fazer oposição. As pessoas aprenderam que os muitos *imperativos* (ordens) das Escrituras são leis e que, portanto, não devem ser impostos aos cristãos como deveres aos quais devemos obedecer. Afinal, "não estamos debaixo da lei, mas debaixo da graça" (Romanos 6.14). Portanto, dizem essas pessoas, os *indicativos* da Bíblia (declarações de fatos objetivos) são aquilo a que devemos prestar atenção — verdades reconfortantes, como Romanos 8.1: "Portanto, agora já não há condenação alguma para os que estão em Cristo Jesus".

Certamente devemos proclamar e afirmar enfaticamente os indicativos do evangelho. Geralmente eles se referem à nossa justificação: "Porque pela graça sois salvos, por meio da fé, e isto não vem de vós, é dom de Deus não vem das obras" (Efésios 2.8-9).

Mas, quando o assunto é santificação, a Bíblia está cheia de imperativos: "fostes instruídos [...] a vos despir do velho homem, do vosso procedimento anterior, que se corrompe pelos desejos maus e enganadores, e a vos renovar no espírito da vossa mente e a vos revestir do novo homem, criado segundo Deus em verdadeira justiça e santidade" (Efésios 4.21-24). O capítulo 4 de Efésios prossegue com uma longa lista de imperativos que se estendem até os capítulos 5 e 6. Ao contrário do que fazem muitos nos dias de hoje, Paulo não se esquivou de falar da santificação ou do crescimento na graça como um dever.

Na verdade, como vimos desde o início, a santificação era a preocupação central de Paulo em relação aos cristãos da Galácia. Ele continuava tão sinceramente empenhado em conduzi-los à madura semelhança com Cristo quanto estivera em levá-los à fé no começo de tudo. Ele diz: "Meus filhos, por quem sofro de novo dores de parto, até que Cristo seja formado em vós" (Gálatas 4.19). Paulo estava em trabalho de parto espiritual enquanto os conduzia ao novo nascimento da regeneração. Agora estava sentindo as mesmas dores agonizantes de parto, esforçando-se para trazê-los à maturidade.

A maturidade parece ser artigo de luxo nas igrejas de hoje. Líderes da igreja — mesmo os de meia-idade — tentam se vestir, falar e agir como adolescentes. Multidões criadas em ministérios para jovens na igreja evangélica (onde o objetivo principal foi mantê-los entretidos) nunca aprenderam a pensar seriamente acerca de assuntos espirituais.

Precisamos ultrapassar o estágio de "jovens inquietos". A imaturidade e a instabilidade são obstáculos à infertilidade espiritual, não virtudes. A verdadeira santidade torna a pessoa firme e madura. Paulo escreveu: "Irmãos, não sejais como crianças no entendimento. Quanto ao mal, contudo, sede como criancinhas, mas adultos quanto ao entendimento" (1Coríntios 14.20). Ele se referiu à santificação exatamente desta maneira:

"estado de homem feito, [...] medida da estatura da plenitude de Cristo" (Efésios 4.13).

Vamos buscar a verdadeira santidade

Por que essa ênfase está faltando nas igrejas evangélicas contemporâneas? Eu cresci ouvindo regularmente sermões sobre a necessidade de santidade, consagração, semelhança com Cristo e separação em relação ao pecado e ao mundo e seus valores. Nas gerações anteriores, se um pregador negligenciasse o tema da santidade, isso seria notado como uma omissão importante (e profundamente perturbadora). Os apelos à obediência piedosa ocupavam um lugar muito mais elevado na mensagem que vinha do púlpito, no pensamento das pessoas nos bancos da igreja e na vida da igreja como um todo.

A santificação recebia um realce importante em todas as denominações confessionalmente protestantes e biblicamente orientadas. E os pregadores corajosamente proclamavam a necessidade da santificação lado a lado com a doutrina da justificação pela fé.

Os protestantes históricos compreenderam que a principal obra do Espírito Santo não era produzir fenômenos espetaculares, inexplicáveis, esotéricos, extasiantes. A verdadeira obra do Espírito Santo era vista em santidade manifesta — a virtude da semelhança a Cristo. Ninguém jamais imaginou haver conflito algum entre a dúplice verdade de que os crentes são salvos "pela santificação feita pelo Espírito e pela fé na verdade" (2Tessalonicenses 2.13).

Nada disso parece mais constituir-se em um fato verdadeiro. A verdade da santificação, juntamente com termos e expressões como *santidade, consagração* e *semelhança com Cristo*, praticamente desapareceram da linguagem cristã popular. Raramente ouvimos um pregador popular exortar seu povo a se separar do mundo, a negar os desejos carnais ou a mortificar o pecado e o egoísmo. Em vez disso, seguindo as estratégias populares do pragmatismo e da postura de sensibilidade para com aqueles que estão em busca de uma espiritualidade, todos os anseios do coração humano egoísta estão sendo legitimados. As modas e as diversões do mundo — junto com alguns dos valores morais distorcidos da revolução sexual — estão sendo incorporados às igrejas, porque os pastores são informados de que esses são elementos necessários para atrair pessoas que de outra forma não teriam interesse em Deus.

Inexplicavelmente, até mesmo muitos pastores e líderes de igreja que professam crer que Deus é soberano e que o evangelho é o poder de Deus para a salvação abraçaram essa filosofia flagrantemente pragmática. Eles afirmam que creem na doutrina da justificação pela fé, e não se incomodam de pregar sobre ela uma vez ou outra, porque podem fazê-lo de uma maneira que não interfira na zona de conforto do descrente. Podem até às vezes mencionar o assunto da glorificação (embora eu tema que muitos pregadores estejam tão obcecados com este mundo e tão apaixonados por se conectar com a "cultura" de hoje que raramente olham para o futuro escatológico). Mas, na prática, nada se diz sobre santificação. Por sinal, a pregação é talhada para fazer com que as pessoas se sintam bem com seu estado e para lhes garantir que Deus gosta delas do jeito que são.

Trata-se de uma nova versão do cristianismo — nem genuinamente reformada, nem historicamente protestante. Na melhor das hipóteses, podemos chamá-la neorreformada.

Ainda assim, há um remanescente de igrejas fiéis com ministros fiéis — pastores piedosos que conduzem seus rebanhos para longe do mundo, para longe do interesse pessoal egocêntrico, para longe da mera realização de desejos, para longe de buscar e definir a vida apenas com base em uma lista de desejos. Isso é o que todo líder de igreja e todo membro de igreja deve buscar. É sempre perigoso deixar-se levar descuidadamente pela maré, e jamais foi vergonhoso fazer parte do remanescente. Lembre-se das palavras de Cristo sobre a minoria fiel em Sardes: "Mas em Sardes também tens algumas pessoas que não contaminaram suas vestes; elas andarão comigo, vestidas de branco, pois são dignas" (Apocalipse 3.4).

Esse é o maior prêmio de nossa suprema vocação, e é de valor infinitamente maior do que o conjunto de todos os tesouros deste mundo. É a melhor dentre todas as razões para que continuemos a avançar em direção à meta do amadurecimento à semelhança de Cristo.

SEIS

Autenticidade
e
antinomianismo

COMO CHEGAMOS a esse ponto? Por séculos, igrejas fundamentadas na Bíblia e no evangelho subscreveram o valor da sólida compreensão teológica, da santidade transcendente de Deus, da adoração centrada em Deus e que exalta a Cristo, da verdadeira obra do Espírito, do crescimento espiritual e da virtude da semelhança a Cristo — todas realidades que apontam para a necessidade de santificação. As igrejas opunham-se ao mundanismo, deploravam a superficialidade, repreendiam o pecado, entendiam o valor da sã doutrina e refutavam as falsas crenças. A adoração era um louvor dirigido a Deus para sua glória, não uma performance em harmonia com as preferências estilísticas da congregação e oferecida apenas para seu entretenimento. Deus é o único alvo da adoração verdadeira.

Obviamente houve muitas igrejas (e até mesmo denominações inteiras) que apostataram, transigiram ou então deixaram de permanecer firmes e comprometidas com esses princípios. Mas os padrões bíblicos que governavam a filosofia de ministério não eram nem um pouco nebulosos, ambíguos ou complicados, e havia um entendimento geral entre os crentes sobre como uma igreja bíblica *deveria* ser.

Isso mudou. Hoje, um grande número de igrejas nominalmente evangélicas converteu-se em nada mais que centros comunitários psicológicos, sociológicos, pragmáticos e antropocêntricos, apenas vestidos de uma roupagem religiosa — ou algo mais casual e na moda, como camisetas com dizeres e jeans desbotados e rasgados. Usam o nome de Jesus como símbolo, mas acreditam que o sucesso ou o fracasso dependem apenas das próprias habilidades deles. Medem sua eficácia pelo número de frequentadores ou pelo volume de dinheiro coletado na bandeja de ofertas. Sua ideia de adoração não passa de um estímulo musical irrefletido, projetado para manipular emocionalmente as pessoas e não para oferecer louvor a Deus. Espiritualidade vaga e trivialidades que soam agradáveis substituem a doutrina bíblica e a verdadeira santidade. E o foco da mensagem é a satisfação pessoal, e não a santificação pelo poder do Espírito. As pessoas frequentam os cultos não porque amam a verdade e temem a Deus, mas porque tudo o que veem e ouvem corresponde ao amor que sentem por si mesmas.

Uma noção mundana de autenticidade

Um dos erros fundamentais subjacentes a essa tendência é uma ideia emprestada do pensamento secular. É possível remontá-la pelo menos a Sigmund Freud, o pai da psicanálise. Freud acreditava que as pessoas precisavam ser libertas de restrições e da vergonha para se tornarem "autênticas". *Autenticidade* tornou-se uma palavra-chave na psicologia e praticamente em todas as filosofias pós-modernas. Ser autêntico significa ser verdadeiro para consigo mesmo, o que por sua vez implica aceitar a legitimidade dos próprios desejos e impulsos interiores. Você é verdadeiramente autêntico quando age em conformidade com o que você é. Em outras palavras, seja quem você é de verdade; esse é o seu verdadeiro eu. Qualquer tentativa de sufocar, suprimir ou filtrar seus impulsos é vista como falsa e artificial.

Existe o pressuposto de que esse tipo de autenticidade existencial seja libertador. Você pode satisfazer seus impulsos fundamentais e aliviar seu coração atribulado ao convencer sua consciência de que ser verdadeiro consigo mesmo é a maior virtude.

Obviamente, as almas mais autênticas do mundo de hoje são aqueles jovens sem as inibições e sem o arrependimento que acompanham o aprendizado das lições da vida. Não foram sujeitos às restrições inevitáveis da responsabilidade financeira, do emprego de longa duração, de um chefe, do cumprimento do dever, do sucesso, do fracasso ou das próprias decisões equivocadas. Protegidos pela família e logo depois livres da supervisão dos pais, desfrutam vertiginosamente de sua liberdade recém-descoberta e podem realmente ser eles mesmos sem se verem obrigados a se comportar de maneira diferente. Esse é o epítome daquilo que o mundo enxerga como autenticidade existencial. Assim, a espontaneidade irresponsável do jovem — a impulsividade — é exaltada e batizada de comportamento nobre, e o eterno adolescente é visto como a pessoa mais autêntica.

Ao longo dos anos, desde Freud, a autenticidade juvenil dominou cada vez mais a cultura a tal ponto que quase toda a publicidade e entretenimento agora se dirigem aos jovens de 13 a 24 anos — mesmo que eles sejam os que têm menos dinheiro. Ainda não saíram do porão da casa dos pais, mas, nessa cultura pós-moderna, são eles que definem o que é autenticidade.

Os especialistas evangélicos do "engajamento cultural" notam essa tendência e, nas últimas décadas, têm dito aos líderes eclesiásticos que a igreja deve se adaptar a ela ou correrá o risco de perder a próxima geração. A igreja não deve mais pregar contra essa forma de autenticidade, dizem eles, porque os jovens rejeitariam a igreja. Para os jovens, ela é uma assembleia de hipócritas que não desejam ser autênticos — pessoas falsas apenas fazendo de conta. Em uma cultura em que hedonistas egocêntricos são vistos como heróis e em que a piedade é considerada inerentemente falsa, a igreja não poderá ganhar adeptos pregando sobre santidade — pelo menos é o que afirmam os gurus do crescimento de igrejas.

Para incontáveis líderes da igreja, esse apelo pareceu persuasivo. Ao que tudo indica, eles pensaram que era deles, e não de Deus, a *responsabilidade* de trazer os jovens pródigos de volta à igreja. Propositadamente abrandaram seu ensino, apimentaram a atmosfera nos cultos e transformaram suas igrejas em algo que pensaram poder atrair uma cultura adolescente frívola e imatura.

A igreja corteja o favor do mundo

Antes da década de 1960, ninguém exigiria que o culto fosse algo divertido. Ninguém ia querer que o pregador lhe mandasse olhar para a pessoa ao lado e repetir um daqueles bordões. Ninguém pensaria na adoração como um estímulo físico. Ninguém sonharia em usar luzes piscantes e fumaça de gelo seco para garantir a atmosfera de um culto de adoração. Ninguém exigia ser informado de que Deus o aceitava do jeito que era.

Quando se ia à igreja, o objetivo era adotar uma postura de meditação e de reverência — com devoção, sobriedade e reflexão. O culto era pensado de modo que a Palavra de Deus fosse o objetivo central. Ela era lida e proclamada com o objetivo de levar o fiel à compreensão, à convicção, à transformação e ao enlevo. A estrutura tinha um propósito definido, e sua finalidade era levar as pessoas a terem um encontro com Deus à medida que compreendessem sua verdade, tendo a oportunidade de expressar esse encontro em adoração comunitária.

Mas já quando os protestos em grande escala e as rebeliões estudantis entraram em voga na década de 1960, alguns dos especialistas diziam aos líderes que a adoração centrada em Deus, a reverência sóbria e a pregação séria da Bíblia sobre pecado e santidade eram demasiadamente exageradas, restritivas, irrelevantes e possivelmente até ofensivas para a cultura moderna. Os jovens buscavam "autenticidade" (com seus pecados e tudo o mais) e não tinham nenhum interesse na santificação, na santidade, na pureza, na piedade ou na separação em relação ao mundo.

Como muitos líderes da igreja não estavam bem fundamentados nas Escrituras nem na sã doutrina, ficaram suscetíveis a essas ideias. Perderam de vista o fato de que seu papel não era fazer com que os incrédulos se sentissem felizes com a igreja; ao contrário, deviam alimentar, conduzir e proteger o rebanho de Deus — e ensinar os santos a ser semelhantes a Cristo. As filosofias pragmáticas que adotaram eliminavam qualquer ênfase no pecado, na justiça e no juízo — as mesmas questões sobre as quais Jesus disse que o Espírito Santo convenceria o mundo (João 16.8-11).

Há uma visão herética da santificação que se encaixa perfeitamente nessa estratégia pragmática de crescimento da igreja. Ao longo da história, tal visão foi chamada de *antinomianismo*. Ela começa com a negação de que os preceitos morais da lei de Deus permanecem obrigatórios como regra de vida para os cristãos. Portanto, cria uma ruptura radical entre comportamento e crença, e erroneamente dissocia santificação de justificação. Essa doutrina dá a entender que as exigências morais da lei de Deus são maleáveis ou opcionais, ou ainda que foram revogadas. Na realidade, alguns dos antinomianos mais radicais já fizeram essas afirmações abertamente.

Transformando a graça em licenciosidade

Essa é a doutrina perfeita para quem pensa que a autenticidade existencial é uma grande virtude, porque o antinomiano simplesmente diz: "Olha, Deus me salvou. Estou debaixo da graça; não tenho de me preocupar com o pecado, com a justiça ou o com o juízo. Eu sou assim; é assim que Deus me fez".

Os antinomianos abusam do princípio da expiação substitutiva. É bem verdade que Cristo não só pagou pelos pecados de seu povo na cruz, mas também cumpriu perfeitamente a lei de Deus em seu lugar. Em outras palavras, sua vida perfeita (a que os teólogos chamam "obediência ativa" — a justiça de um homem sem pecado que viveu uma vida inteira de perfeita obediência à lei de Deus) é imputada aos crentes. "Deus fez um sacrifício pelo pecado em nosso favor, para que nele fôssemos feitos justiça de Deus" (2Coríntios 5.21).

O antinomiano apega-se perigosamente a essa doutrina e raciocina que, por isso, não precisa se preocupar com sua falta de obediência. Os antinomianos consideram o perdão de Deus automático (tomando liberdades em relação a sua graça) e rejeitam a lei, considerando-a uma relíquia da religião da antiga aliança. Um pregador resumiu desta forma: "As proibições contidas nos Dez Mandamentos não se aplicam a mim. Fazem parte de uma aliança entre Deus e o Israel do Antigo Testamento".

Além disso, de acordo com essa visão, se o crente tiver de suprimir um impulso para obedecer à Palavra de Deus pelo seu senso de responsabilidade, dever, reverência, respeito ou obrigação, isso é considerado obra da carne e, portanto, pecaminoso.

Mas tal ideia torna a obediência e a desobediência igualmente carnais. Então, quem não escolheria o caminho mais fácil — talvez até mesmo o caminho mais nobre da autenticidade — e não se entregaria aos próprios desejos? Muitas pessoas o fazem. Uma das regras da pós-modernidade é que devemos de uma forma ou de outra afirmar as pessoas em sua jornada. Essa é outra razão pela qual a santificação recebe hoje tão pouca menção nos círculos evangélicos.

O antinomianismo é uma heresia muito antiga. (O termo foi cunhado por Martinho Lutero em referência a João Agrícola e a outros pregadores entre os primeiros luteranos, para quem os ministros da nova aliança nunca deveriam pregar baseados na lei.) O antinomianismo dominou o evangelicalismo americano em meados do século 20 por causa de alguns teólogos influentes para os quais destacar o senhorio de Cristo junto com a mensagem do evangelho seria corromper o evangelho e estabelecer uma religião baseada em obras. Essa visão pareceu por um tempo estar desvanecendo, mas ultimamente tem retornado em uma versão nova e revisada que ganhou popularidade entre os evangélicos jovens, inquietos e neorreformados. Eles tendem a considerar o antinomianismo uma espécie de heresia nobre, porque o veem não apenas como uma cura para o legalismo, mas também como um símbolo de autenticidade.

A verdade é que o antinomianismo e o legalismo são duas faces da mesma moeda. O legalista pensa que é espiritual porque observa determinada lei; o antinomiano pensa que é espiritual porque não observa a lei. Ambos definem a vida cristã *pelo que fazem em relação à lei*, em vez de enfatizar a necessidade de o Espírito nos capacitar para nos tornarmos mais semelhantes a Cristo. O legalista jamais será capaz de restringir a carne com seu legalismo (Gálatas 5.17). O antinomiano, que se recusa até mesmo a ouvir a lei porque pensa que as regras de qualquer tipo são uma ameaça à sua "liberdade", ainda está escravizado pelo pecado (Romanos 6.15-16). Tanto o legalismo quanto o antinomianismo são hostis à obra do Espírito na santificação. Tanto o legalista quanto o antinomiano se esfacelarão e serão destruídos.

A característica definidora de uma visão cristã bíblica e sólida de mundo é a verdade segundo a qual nós, que cremos, estamos "em Cristo" (2Coríntios 5.17). Somos um com Cristo; estamos unidos a ele espiritualmente. Amamos a Cristo (1Coríntios 16.22; Efésios 6.24). O Espírito Santo habita em nós (João 14.17; Romanos 8.9), capacita-nos, liberta-nos verdadeiramente da escravidão do pecado e está nos conformando à imagem de Cristo (2Coríntios 3.17-18).

SETE

O que a **graça** ensina

DÉCADAS de influência antinomiana condicionaram os evangélicos a pensar na graça divina principalmente, se não exclusivamente, da perspectiva do perdão — um tipo de suspensão da pena devida por causa do pecado. Esse é certamente um aspecto importante da graça. Mas não é tudo. A *graça* é muitas vezes definida de modo bem sucinto como "favor imerecido". Isso é verdade; no entanto, a graça é muito mais ampla do que essa definição. Um presente dado a um amigo é um favor não merecido. Sacrificar algo de valor inestimável em benefício de um inimigo seria uma ilustração melhor da graça divina que pagou o perdão para os pecadores (Romanos 5.7-10).

Além disso, a graça não é estática; as Escrituras referem-se a ela como uma força ativa. A graça nos fortalece (2Timóteo 2.1; Hebreus 13.9), age em nós (1Coríntios 15.10), produz fé e amor em nosso coração (1Timóteo 1.14), ajuda-nos ajuda em momentos de necessidade (Hebreus 4.16) e nos instrui (Tito 2.11-12).

De que modo a graça nos instrui e o que ela ensina? A resposta bíblica a essa pergunta é uma refutação cabal da doutrina antinomiana: "A graça de Deus [...] ensinando-nos para que, renunciando à impiedade e às paixões mundanas, vivamos neste mundo de maneira sóbria, justa e piedosa" (Tito 2.12). Em outras palavras, a mesma graça que salva os pecadores da pena devida por seus pecados também os instrui na santidade.

Disciplina

A palavra grega traduzida por "ensino" é *paideuō*, expressão que diz respeito à disciplina. A mesma palavra é traduzida por "punição" em Lucas 23.16, 22 e em 2Coríntios 6.9. Ela carrega as ideias de ensino, correção e repreensão. É a mesma palavra traduzida por *disciplina* em Hebreus 12.6 na forma de verbo: "o Senhor disciplina a quem ama e pune a todo que recebe como filho". Ela diz respeito a um processo que às vezes não "parece no momento motivo de alegria, mas de tristeza. Depois, porém, produz um fruto pacífico de justiça nos que por ela têm sido exercitados" (Hebreus 12.11).

Mas há mais ainda em Tito 2. Veja no contexto maior o que Paulo mostra a Tito:

> Porque a graça de Deus se manifestou, trazendo salvação a todos os homens e ensinando-nos para que,

renunciando à impiedade e às paixões mundanas, vivamos neste mundo de maneira sóbria, justa e piedosa, aguardando a bendita esperança e o aparecimento da glória do nosso grande Deus e Salvador, Cristo Jesus, que se entregou a si mesmo por nós para nos remir de toda a maldade e purificar para si um povo todo seu, consagrado às boas obras. Fala essas coisas, exorta e repreende com toda autoridade. Ninguém te menospreze (Tito 2.11-15).

Correção

A graça não só nos disciplina rumo à santidade; ela também nos habilita a renunciar ao pecado e nos leva a aguardar ansiosamente o retorno de Cristo. Por quê? Porque "todo o que tem nele essa esperança purifica a si mesmo, assim como ele é puro" (1João 3.3).

E observe com cuidado o que mais Paulo diz a Tito: Cristo morreu não apenas para nos libertar da *pena* do pecado, mas também para nos redimir da *própria maldade* — para nos purificar e nos transformar em pessoas consagradas às boas obras. Além disso, Paulo instrui Tito a não negociar essas verdades vitais. Ele deve admoestar e reprovar os que não são firmes em receber a instrução santificadora da graça de Deus, e não deve permitir que ninguém desconsidere a mensagem. É como se Paulo estivesse dizendo: "Combata duramente os antinomianos e corrija a visão defeituosa que eles têm da graça".

Poder

Há outra forma importante de as Escrituras retratarem a graça como dinâmica e não inerte. Romanos 5.21 diz que a graça deve reinar sobre nosso coração da mesma forma que o pecado reinou. A graça não é uma espécie de capacho que podemos usar eventualmente para limpar o pecado de nossos pés; ela governa como um monarca sobre nós.

Como a graça nos redime da maldade e nos purifica? Não apenas ao nos instruir, nos disciplinar e nos admoestar a viver "neste mundo de maneira sóbria, justa e piedosa", mas também nos capacitando para esse objetivo. "Porque é Deus quem produz em vós tanto o querer como o realizar, segundo a sua boa vontade" (Filipenses 2.13). E, além de tudo, o próprio Senhor nos tornará "imaculados e com grande júbilo diante da sua glória" (Judas 24). Posso dizer isso em português bem claro? "Santificação é o processo em que lutamos pela alegria plena sem nos vendermos por um substituto barato ao longo do caminho".

Existe, é claro, disciplina e correção nesse processo, mas essa "disciplina é para o nosso bem, para sermos participantes da sua santidade" (Hebreus 12.10). O objetivo, mais uma vez, é a semelhança com Cristo.

E isso nos leva de volta ao lugar onde começamos, as palavras de Paulo em Gálatas 4.19: "Meus filhos, por quem sofro de novo dores de parto, até que Cristo seja formado em vós".

Não é um propósito adequado para nenhum pastor esperar que as pessoas se contentem com suas mensagens. Nenhum pastor pode imaginar que o tamanho de sua congregação seja uma forma de medir sua eficácia. O pastor consagrado não pode ficar satisfeito com nada menos do que a santificação de seu povo. É um alvo que jamais será totalmente alcançado até que sejamos finalmente glorificados.

Da mesma forma, esse é o alvo para o qual cada crente deve prosseguir avançando. "Amados, somos filhos de Deus, e ainda não se manifestou o que havemos de ser. Mas sabemos que, quando ele se manifestar, seremos semelhantes a ele, pois o veremos como ele é. E todo o que tem nele essa esperança purifica a si mesmo, assim como ele é puro" (1João 3.2-3).

Índice de assuntos

abstinência 31
  vista como pecado 72
adoração 81-82, 85-86
Agrícola, João 89
anátema 33
antinomianismo 87, 89, 90
  como uma heresia nobre 89
  hostil ao Espírito santo 90
  uma heresia antiga 89
  vista como a cura para o
    legalismo 90
antinomianos 87-88, 96
arrependimento 70, 83
  como ação de Deus 70
autenticidade 83-84, 86-87, 89
  buscada pelos jovens 86
  e a eterna adolescência 84
  e os desejos 83, 89

existencial 84, 87
significado da 84
visão mundana da 83

bispo (supervisor, guardião)
  16

calvinismo 70-71
Calvino, João 30
circuncisão 28, 31, 55-56
Concílio de Jerusalém 27, 28
coríntios 45-46
  a preocupação de Paulo
    pelos 46
  seduzidos 45
correção 68, 94-96
  graça como 95
cosmovisão cristã 90

SANTIFICAÇÃO

crentes 16, 19, 21-22, 27, 29, 31, 33, 37-40, 47, 52, 56, 59, 61, 65-67, 76, 82, 88
   como insensatos 37, 40
   como santos 56, 59, 67
   cuidando dos 19, 37
   da nova aliança 27, 31
   deveres dos 21, 27, 61
   o alvo dos 47, 61
   suscetíveis aos falsos ensinos 31
   Veja também cristãos; povo de Deus
cristãos 15, 25, 29, 40, 65-66, 68, 73-74, 87
   aspirações dos 68
   como santos 65-66
   e a busca pela santidade 65
   santidade dos 65
   Veja também crentes.
cristianismo 29, 77
   nova versão do 77
culto 82, 85-86
   antes de 1960 85
   como entretenimento 85
cultura pop 71
   a obsessão com a 71

Deus 15-22, 29-32, 37, 39, 44, 47, 52-54, 61, 66-70, 72, 76-77, 81-82, 85-88, 94-97

   como alvo da adoração 81
   soberania de 69, 76
   vontade de 52, 66
disciplina 94-96
discurso cristão 76
doutrina falsa 68, 81
doutrinas 29, 31, 54, 67, 69-71
   interesse renovado nas 70
Doze, os 15, 51, 53, 58

eleição 69
"engajamento cultural" 71, 84
Escritura 15-17, 19, 26-27, 40, 61, 65-69, 72, 86, 93
   o tema do pastor de ovelhas na 16, 17
Espírito Santo 26, 33, 39, 68, 75, 87, 90
   capacitados pelo 39
   habitados pelo 90
   principal obra do 75
eu 82-83
   e o amor próprio 82
   verdadeiro 83,
evangelho 26-34, 39, 42, 52, 54-56, 70, 73, 76, 81, 89
   âmago do 29
   corrupção do 31, 42, 89
   defesa do 32

ÍNDICE DE ASSUNTOS

expiação substitutiva 70, 88
   doutrina da 70
   princípio da 88

falsos mestres 29, 31, 39,
   41-42, 45
   e seu ataque ao céu 39
fé 27-29, 33-34, 38-39, 47,
   54, 60, 65-66, 69, 73-76, 93
   como instrumento
     de justificação e
     santificação 27, 69
filosofia ministerial 19, 41,
   43, 61, 82
   padrões de 82
Freud, Sigmund 83-84
frutos espirituais 69, 72, 74, 94
   obstáculos aos 74

gálatas 27, 34, 37-40, 42,
   44-45
   a preocupação Paulo para
     com os 34, 42
   como filhos espirituais de
     Paulo 34, 37
   como insensatos 38
   como verdadeiros crentes
     39
   escravidão dos 34
   seduzidos 34, 38, 40
gentios 21, 25-29, 53, 56, 66,
   68
   e a circuncisão 27-28

graça 22, 32-34, 39, 53, 56,
   61, 69-70, 87-88, 93-96
   a disciplina da 39, 94
   como correção 95
   como favor imerecido 93
   como força ativa 93
   como instrutora 94
   e o perdão 93
   o poder da 96
   o reino da 96

Hansen, Colin ("Jovem,
   inquieto, reformado") 70

igreja 17-19, 21, 25-26,
   30-31, 40, 43-44, 46, 51,
   53, 55, 61, 65, 74-77, 84-87
   cortejando o favor do
     mundo 85
igrejas 21, 26, 29, 32, 40, 43,
   45, 74-77, 81-82, 85
   contemporâneas 75
   evangélicas nominais 82
impregnadas da Bíblia 81
   seduzidas 40
imaturidade 74, 85
imperativos 72-73
incrédulos 67, 86
   marca dos 67
indicativos 72-73

Jesus Cristo 15-16, 19, 20-22,
   25-34, 38-39, 43, 45-47,

52-61, 65-66, 68, 73, 77-75, 81-82, 87-89, 90, 95-96
  como bispo 16
  como Bom Pastor 16
  como exemplo 59
  encarnação de 29, 58, 59
  intercessão de 15
  irmãos de 53
  ministério terreno de 51, 54
  obediência ativa de 88
  oração de 56-60
justificação 27, 29, 30, 33-34, 41, 69, 70, 73, 75-76, 87
  como incentivo à 34
  santificação 75
  como indicativo do evangelho 73
  doutrina da 29, 30, 76, 87
  e a fé 29

legalismo 30, 31, 33, 71, 89, 90
  como falso evangelho 33
  e o antinomianismo 90
  hostil ao Espírito Santo 90
legalistas 33
lei cerimonial 27-28
  como sombra 28
  função da 27
liberdade cristã 72
  desequilíbrio da 72
  verdadeira 72

licenciosidade 87
líderes 17, 19, 26, 44, 55, 74, 76, 84-86
  e o pragmatismo 76
  prestação de contas 86
  susceptibilidades dos 86
Lutero, Martinho 30, 89

maturidade 74
ministério pastoral 42-44
  linguagem do 44
ministros 77, 89
  fiéis 77
Moisés 27-29, 68
movimento dos jovens 70-71, 74, 86, 89
  inquietos 70-71, 74, 89
  assuntos prediletos do 71
  e a santificação 86
  emblemas do 71
mundo 15, 21, 25, 43, 57, 59, 71, 75-78, 83-87, 90, 94-96
  modismos do 71

neorreformados 77, 89

obediência 28, 33, 75, 88-89
  chamados à 75
oração sacerdotal 15
  tema da 15
ovelhas 16-18, 51
  características das 16-17
  como filhos de Deus 51

ÍNDICE DE ASSUNTOS

Palavra de Deus. *Veja* Escrituras. 86, 88
pastor(es) 16-21, 26, 39, 41-47, 51-52, 71, 76-77, 82, 97
  como pastor(es) de ovelhas 16, 18
  como se descreve(m) a si mesmo(s) 43
  seu propósito ministerial 19
  seus deveres 18
  seus objetivos 18
  sua eficácia 82, 97
  sua fidelidade 77
  sua preocupação 17, 18
  suas emoções 42, 43
  suas prioridades 47, 61
  suas tarefas 17, 18
Paulo (apóstolo) 18-20, 22, 25-34, 37-47, 52-56, 60, 65-66, 73-74, 94-95, 97
  a conversão de 53
  a frustração de 22, 41
  a paixão de 42
  as cartas de 26, 27
  as emoções de 42
  as preocupações de 21, 32, 34, 45
  as prioridades de 56
  como exemplo de santificação 17, 60
  como fariseu 25, 28
  como instrumento da santificação 60
  e a repreensão dos gálatas 27, 34
  e o amor pelos gentios 26
  ensinado por Jesus 55
  o comissionamento de 54, 66
  o coração de 42
  o ministério de 56
  os anseios de 20
  os sofrimentos de 45
  sobre a justificação 30, 34
pecado 25-26, 30, 33-34, 46, 56, 60, 66-67, 69-70, 72, 75-76, 81, 86-88, 90, 93-96
  libertação do 34, 60, 69, 72
Pedro (apóstolo) 17, 26, 51, 55-57
  o comissionamento de 51
  o ministério de 51
pós-modernidade 83, 84, 89
  as regras da 89
povo de Deus 16-18, 43, 46, 59-61, 66, 69, 88, 95, 97
  como ovelhas 16-17
  santificação do 61, 97
pragmatismo 71, 76
  como estratégia 76
pregadores populares 76
problema dos gálatas 27, 34
protestantes históricos 75, 77

Reforma 71
  abordagem à 71
Reforma Protestante 69, 71
revolução sexual 76

santidade 16, 20, 21, 31,
  33-34, 41, 59, 61, 65, 68,
  71, 73-76, 81-82, 85-86,
  94-96
  batalha pela 68
  como marca do
    verdadeiro crente 65
  concreta 31
  desconsideração da 75
  e a justificação 34, 75, 87
  e a obra do Espírito Santo
    75, 81
  falsa crença sobre a 33
  manifestações da 59
  negligência em relação à
    61, 75
  verdadeira 31
  vista como legalismo 71
santificação 15-16, 18-22,
  33-34, 41-43, 46-47, 56,
  59-61, 66-69, 71-77, 81-82,
  86-87, 89-90, 96-97
  a busca pela 68
  a *ênfase* que se perdeu 69,
    75
  como dever 19
  como prioridade do
    ministro 47

conduz à semelhança a
  Cristo 76, 81
e a santidade 21, 86
e a unidade 58, 59
é a vontade de Cristo 59
é essencial 65
é o alvo do pastor 16, 18
e o esforço 67
e os imperativos 73
falta de ênfase na 69
o enfraquecimento da 18,
  46
o processo da 67
visão herética da 87
zelo pela 46,
santos 19, 21, 46, 65-67, 87
sedução espiritual 34, 38,
  40-42, 45
sensíveis aos que buscam 76
  espiritualidade 76
sola fide 29, 33, 69
sola gratia 69
solus Christus 69

Tiago (apóstolo) 53
Tiago, irmão do Senhor
  53-54, 56-67
Tiago, filho de Zebedeu 53
Timóteo 60-61
  instruído por Paulo 60

unidade espiritual 58-59

Índice de referências bíblicas

ÊXODO
14.13-14   68
14.15   68

SALMOS
23.3   16
100.3   17

MATEUS
5.22   38
13.55   53
26.38   57

MARCOS
3.21   54
6.3   53

LUCAS
24.25   38

23.16   94
23.22   94

JOÃO
3.18   27
7.5   53
13.21-30   57
14.17   90
16.8-11   87
17   15, 57
17.9   58
17.17-19   15
18.4   56
21.15   51
21.16   51
21.17   51

ATOS
1.14   54

11.18   69
12.2   53
14.27   69
15   27-28, 55
15.5   28
20.32   66
26.16-18   66

ROMANOS
5.7-10   93
5.21   96
6   33
6.1   33
6.14   73
6.15   34
6.18   72
6.2   34
6.18   34, 60, 72
6.22   69, 72

7.24 22
8.1 73
8.9 90
8.29 19
9.3 26

1Coríntios
1.2 65
11.1 60
14.20 74
15 54
15.8 55
15.10 93
15.49 21
16.22 90

2Coríntios
3.17-18 90
4.5 43
5.17 90
5.21 88
6.9 94
7.1 68
11.1-4 45
11.23-27 21
11.29 18, 46
12.2 54
12.14-15 46

Gálatas
1 55
1.1-5 32
1.6 31, 34, 42

1.6-12 33
1.8-9 31, 42
1.11-12 53
1.12 54
1.16 54
2.6 55
2.7-9 56
3 38
3.1 39
3.3 39
3.5 39
3.1-5 39
3.8-9 39
3.26 39
3.29 40
4.11 37, 42
4.12 37, 60
4.19 20, 37
4.19-20 34
4.20 42
4.28 40
4.31 37
5.7 41
5.13 72
5.17 90

Efésios
1.4 21
1.11 70
2.8-9 73
4 73
4.11-13 47
4.15-16 47

4.22-24 20
5 73
6 73
6.24 90

Filipenses
2.13 96
3.12-14 22
3.14 68
3.17 60
3.21 21

Colossenses
1.28-29 47
2.17 28
2.21-22 31

1Timóteo
1.14 93
2.5 30
4.12 60

2Timóteo
2.1 93
2.2 61

Tito
2.11-12 93
2.11-15 95
2.13-14 69

Hebreus
2.10-18 30

ÍNDICE DE REFERÊNCIAS BÍBLICAS

4.16   93
7.25   15
8.5   28
10.1   28
12.6   94
12.10   96
12.11   94

12.14   67
13.9   93

1João
3.2   22
3.2-3   97
3.3   95

3.7-10   67

Judas
24   96

Apocalipse
3.4   78

Sua opinião é importante para nós. Por gentileza, envie seus comentários pelo *e-mail* editorial@hagnos.com.br

Visite nosso *site*: www.hagnos.com.br

Esta obra foi composta na fonte Baskerville 12/17,2 e impressa na Imprensa da Fé.
São Paulo, Brasil.
Verão de 2021.